나에게 나다움을 주기로 했다

초판 1쇄 발행 2020년 07월 30일
초판 3쇄 발행 2024년 06월 05일

지은이 고정욱 **일러스트** 금요일

펴낸이 이상순 **주간** 서인찬 **편집장** 박윤주 **제작이사** 이상광
기획편집 박월 이세원 **디자인** 유영준 이민정
마케팅홍보 신희용 김경민 **경영지원** 고은정

펴낸곳 (주)도서출판 아름다운사람들
주소 (10881) 경기도 파주시 회동길 103
대표전화 (031) 8074-0082 **팩스** (031) 955-1083
이메일 books777@naver.com **홈페이지** www.book114.kr

리듬문고는 (주)도서출판 아름다운사람들의 청소년 브랜드입니다.

ISBN 978-89-6513-614-9 (43190)

이 도서의 국립중앙도서관 출판예정도서목록(CIP)은 서지정보유통지원시스템 홈페이지(http://seoji.nl.go.kr)와
국가자료종합목록시스템(http://www.nl.go.kr/kolisnet)에서 이용하실 수 있습니다. (CIP제어번호 : CIP2020029022)

파본은 구입하신 서점에서 교환해 드립니다.

진짜 나다움을 위해
나에게 소중한 것은 절대 놓치지 마

    손으로 들어 올린 내 다리는 힘없이 툭 떨어졌다. 강연을 가면 학생들은 내가 얼마나 장애가 심한지 궁금해한다. 그럴 때마다 이렇게 힘없는 다리를 들어서 아래로 떨구는 이벤트를 한다. 그 모습을 본 학생들이 순간 얼어붙으면서 강연에 집중하기 때문이다.

"그 몸으로 어떻게 사셨어요?"

    강연이 끝나자 한 학생이 나에게 다가와 물었다. 듣고 보니 정말 어떻게 살았나 싶다. 길이 막히면 돌아가고, 없으면 만들면서 살아왔노라고 이야기해 주었다. 그러한 과정 중에 나를 챙겨주는 친구들이 있었다. 문제가 생기면 진지하게 고민했으며, 상대의 아픔에 공감해 주고, 바르게 살자고 다짐에 다짐을 거듭하며 꿈을 향해 나아갔다. 누구나 다 그렇게 살아가는 줄 알았건만 요즘 청소년들에게는 그런 과정들이 많이 생략되어 있다는 것을 알게 되었다.

'그래, 세상을 살면서 꼭 필요한 것들에 대해 글로 이야기해 주자. 절대 놓치면 안 될 덕목들을 알려주자. 나다움을 아름답게 키워나갈 수 있도록, 나답게 살아온 삶을 들려주자.'

이 책은 그런 각오로 썼다. 한 꼭지 한 꼭지 나의 피, 땀, 눈물이 배어 있다. 몸에 맞지 않는 옷 같은 남의 삶을 강요받는 이 땅의 어린이와 청소년들이 읽고 조금이라도 힘을 냈으면 좋겠다.

2020년 여름 북한산 기슭에서

고정욱

2장

'감성'이 살아 있는 삶

♥50

: 함께 느껴야 진짜다

3장

'인성'이 밥 먹여 준다

♥96

: 참 괜찮은 사람이 되려면

4장

'생각'은 힘이 세다

♥138

: 고민과 생각이 만날 때

5장

'꿈' 꾸는 대로 이루어진다
♥180

: 나답게 살면 진짜 꿈을 만난다

서슴없이
등을 내밀어 준
친구

　이번 가을 소풍 장소는 북한산이라는 담임선생님 말씀에 나는 기쁘지도 않았고 마음의 동요도 없었다. 중증 지체장애인인 나로서는 꿈도 꾸지 못할 곳으로의 소풍이었기 때문이다. 모두가 즐거운 한때를 보낼 그 날, 내가 해야 할 일은 그냥 하루 집에서 푹 쉬는 거였다.

　그런데 종례가 끝나고 담임선생님이 내게 내일 소풍에 꼭 참석하라는 거였다.

　"우리 반에 소풍에 참석하지 않는 사람이 한 명이라도 있어선 안 된다는 게 선생님의 지도방침이다."

　다음날 나는 집결 장소인 도선사 입구까지 택시를 타고 올라갔다. 거기에서부터 난코스가 시작되었다. 우리 반에서 덩치 좋은 녀석들 몇몇이 번갈아 가며 나를 업고 등산로를 올랐다. 친구들의 등에 업힌 나는 행여 떨어질세라 친구 녀석의 목을 단단히 붙들고 매달려야 했다. 한참을 올라가다 그 친구가 지치면 다른 친구가 교대로 업었다.

몇 시간이고 매달려 있어야 하는 나는 팔이 뻐근했지만, 업은 친구의 고역에 비할 바가 아니었기에 입을 꾹 다물고 있을 수밖에 없었다. 그렇게 해서 나는 평생 처음이자 마지막으로 북한산 백운산장에 오를 수 있었고, 서울 시내를 감격스럽게 내려다보게 되었다. 이 모든 건 몸이 불편한 나에게 서슴없이 등을 내밀어 준 소중한 친구들 덕분이었다.

그래서 나는 청소년들을 만나면 늘 이렇게 얘기한다.

"어린 시절에 사귄 친구야말로 이 세상에서 얻을 수 있는 첫 번째 보물이란다."

그들이 있었기에 내가 있고, 내가 있었기에 그들이 있을 정도다.

그 후 나의 업힘 행각은 끊임없이 계속되어 대학교 때는 강원도 설악산, 합천의 가야산, 남해안과 동해안 일주로까지 이어졌다. 이렇게 친구들의 도움으로 전국을 돌아다녔던 경험은 이후 나의 작품을 생생하게 만들어 준 소중한 자산이 되었다. 그 시작은 바로 고등학교 친구들의 눈물겨운 봉사였다.

그해 겨울방학이 시작되던 날, 나는 학교 앞 중국음식점으로 우정을 베풀어 주었던 친구들을 모두 초대해 자장면을 대접했다. 검은 자장면이 묻은 입을 하고 까까머리 우리들은 서로 웃고 장난치며 즐거워했다. 무쇠 연탄난로 위에서 찌그러진 양은 주전자 속 물이 펄펄 끓으며 김을 내뿜는 중국집 창밖으로 흰 싸락눈이 휘날렸던 장면은 지금도 잊을 수가 없다.

내 인생의
나침반 같은 친구

"하이 코드를 잡아야 멋있는 거야. 로우 코드는 폼이 안 나."

철환이는 기타를 칠 때 항상 그렇게 폼을 잡았다. 정말 그랬다. 기타 코드는 같은 음계를 치더라도 기타의 목 부분을 잡는 로우 코드와 중간 몸통을 잡는 하이 코드가 있다. 로우 코드가 기본이지만 기타 치는 것에 익숙해진 아이들은 하이 코드로 연주한다.

고등학교 1학년 때 같은 반이었던 김철환은 나보다 기타를 잘 치는 친구였다. 대학 다니는 형에게 배워서인지 하이 코드를 능수능란하게 구사했다. 나는 그런 철환을 만날 때마다 기타에 대해 모르는 걸 물어보고 집에 와서 배운 것을 연습하곤 했다.

　가장 어려운 것은 코드에서 코드로 손가락을 옮겨 가는 것이었다. 코드 잡는 것을 헤매는 나에게 철환이는 이렇게 말했다.

　"코드에서 코드로 넘어가는 게 좀 늦더라도 스트로크는 계속하고 있어야 해. 바보 같은 애들이 코드 바꾼다면서 스트로크도 멈추니까 노래가 끊기는 거야. 코드가 조금 틀려도 듣는 사람은 맞는지 틀린지 잘 몰라."

　그래서 나는 그때부터 스트로크를 연습했다. 기타 치는 방법에는 고고부터 슬로우락, 디스코까지 다양한 스트로크 주법이 있다. 리듬을 다르게 해 가며 치는 훈련을 해야 한다. 오른손으로는 박자를 맞추어 줄을 퉁기고 왼손으로는 코드를 찾아 잡는 것이 기타의 매력이다. 나는 기타를 연주하면서 막힐 때마다 철환이에게 물어보며 실력을 키워나갔다.

　이렇게 쌓은 실력은 대학교 들어가서 유감없이 발휘할 수 있었다. 국문과 학생 중에 기타 치며 노래하는 사람이 별로 없었기 때문이다. 신입생 환영회나 MT 때면 나의 인기는 하늘을 찔렀다. 내가 노래 부르고 기타를 치면 여학생들이 몰려와서 눈을 살포시 감고 나의 미니 콘서트에 푹 빠져들었다. 지금도 내 방에는 기타가 놓여 있다. 가끔 글이 잘 안 써지거나 마음이 울적하고 외로울 때면 철환이에게 배우고 익힌 기타 실력을 벗 삼아 노래를 부른다.

내 인생에서 기타가 없었다면 어땠을까? 참으로 삭막하고 건조한 삶이었을 것이다. 악기를 하나 다룰 줄 안다는 건 내가 어렸을 적엔 흔치 않은 일이었다. 그중에서도 클래식 악기를 배운 사람은 부잣집 자녀거나 입시를 위해 준비하는 특기생이었다. 나는 친구 덕분에 기타 연주하는 법을 배울 수 있었다. 철환이 덕분에 내 삶에 촉촉한 감성을 입힐 수 있었다.

대학 때는 성균관대학교 학생 신문 기자로 활동했던 같은 과 동기인 김성구라는 친구가 있었다. 수습기자가 되어 학교 이곳저곳을 취재하러 다녔던 그는 어느 날 내가 야구 선수를 낙서처럼 연습장에 그려 놓은 것을 보고는 말했다.

"이야! 너 그림 잘 그리는구나."

"잘 그리기는… 그냥 만화지."

"아냐. 야구 선수하고 정말 똑같아. 동작이나 자세가."

당시 프로야구가 시작된 지 얼마 안 돼 인기가 있기도 했고, 어려서부터 스포츠 만화를 많이 보았기 때문에 나는 야구 선수를 그림 소재로 자주 애용했다.

며칠 뒤 김성구는 나에게 말했다.

"야, 〈성대신문〉에 만화 기자 자리가 났던데 너 한번 꼭 지원해 봐."

"가능할까?"

"그럼, 당연하지. 니 실력이면 충분해. 한번 해 봐."

그래서 나는 그림을 그려가지고 신문사를 찾아갔다. 내가 그린 그림을 본 편집장은 말했다.

"좋아요. 다음 주부터 우리 신문에 싣겠습니다."

그 이후 나는 4년 내내 〈성대신문〉에 만화를 그리는 만화 기자가 되었다.

영화 〈기생충〉을 만든 봉준호 감독도 연세대학교 학생 신문 〈연세춘추〉에 만화를 그렸다고 한다. 난 그보다 훨씬 전에 〈성대신문〉에 〈꼬장군〉이라는 만화를 그렸었다. 신문에 실을 만화를 그리려면 그림도 잘 그려야 하지만, 네 칸짜리 공간 안에 하고 싶은 이야기를 압축해서 표현하는 능력이 있어야 한다. 이야기에 반전이 필수이며, 촌철살인의 메시지도 담아 낼 줄 알아야 한다.

나는 만화 기자로 활동하느라 매주 한 편씩 만화를 그리면서 자연스레 사물을 관찰하는 능력을 훈련하였다. 그리고 친해진 신문 기자 친구들 덕분에 가끔 콩트나 수필을 써서 연재하기도 했다. 물론 다 원고료를 받고 한 일이다. 용돈이나 좀 벌어 보자고 시작한 일이었는데, 나중에는 나의 글쓰기 역량을 강화하는 결정적인 요인이 되었다.

어쩌면 그때의 경험을 바탕으로 지금 작가가 된 것인지도 모른다. 신문에 내 글과 그림이 실리는 기쁨과 감동을 나는 이미 스무 살 때 경험해 보았던 것이다.

이렇게 주변의 좋은 친구들 덕분에 내 삶의 방향은 더 좋은, 더 나은 쪽으로 향할 수 있었다. 그래서 이렇게 말해 주고 싶다.

"다양한 취미와 경험을 쌓기 위해서는 그 길을 함께 가거나 이끌어 줄 친구가 있어야 한다. 그중 몇 명은 나의 운명을 바꿔놓을 수도 있다."

지금도 나는 김성구나 김철환을 만나면 열심히 밥을 산다. 그러면서 한마디 한다.

"오늘날 내가 있게 된 건 다 네 덕분이다. 네가 있었기 때문에 내가 이렇게 잘살고 있는 거야. 고맙다."

김철환은 기타를 가르쳐줬을 뿐만 아니라 중고등학교 때 매일 내 가방을 들어다 준 친구이기도 하다. 친구들이 없었다면 내 삶은 나침반 없이 항해하는 난파선 같았을 것이다.

스스로 만든
상상의 지옥

　조카가 명절날 왔는데 얼굴에 노심초사하는 표정이 역력했다. 오랜만에 만났는데 인사도 제대로 안 하고 방 한쪽에 처박혀 핸드폰만 보고 있는 거였다.

　"왜 그러니?"

　"아무것도 아니에요."

　시선이 핸드폰에만 가 있는 걸 보고 나는 짐작했다.

　"누가 문자 씹었어?"

　"어떻게 아셨어요?"

　살살 구슬려 이야기를 들어보니 친한 친구에게 문자를 보냈는데 하루 종일 읽지 않는다는 거였다. 조카는 초조해하며 말했다.

"얘가 날 왕따 시키나 봐요."

"널 왕따 시킬 이유가 있어?"

"아뇨."

조카는 지나친 걱정을 하고 있었다.

"기다려 봐. 사정이 있겠지."

"왜 문자에 답을 안 하는지 모르겠어요."

"그럼 전화해 봐."

"전화해서 안 받으면요?"

조카가 거의 울기 직전이어서 나는 그냥 내버려 둘 수밖에 없었다. 걱정이 지나칠 땐 옆에서 뭐라고 훈수를 둬도 그 생각에서 벗어날 방법이 없기 때문이다.

요즘 아이들은 우리 때보다 더 많이 걱정하고 노심초사하며 뇌에 과부하를 거는 것 같다. 작은 걱정거리를 키우고 키워서 나중에 눈덩이처럼 크게 만드는 것이다.

가끔 보면, 자기는 루저이고 사람들이 다 자기에게 손가락질하거나 왕따 시키고 있다는 피해망상에 걸린 아이들이 있다. 친구가 싫어하고, 부모도 자기에게 관심 없어 하고, 선생님조차 자기를 미워한단다. 친구는 다른 친구를 사귀면 되고, 부모가 자식에게 관심이 없다는 건 말도 안 되는 일이며, 선생님은 누구를 미워하려고 학교에 오는 것이 아니라고 아무리 말해도 소용없다. 스스로 만든 상상의 지옥에 빠져 허우적거린다. 한마디로 하늘이 무너질까 봐 장대를 들고 다니는 격이다.

고등학교 때 일이다. 체육 시간이나 교련 시간이면 나는 늘 혼자 교실에 남아 있어야 했다. 밖에 나가서 친구들이 하는 활동을 함께 할 수 없었기 때문이다. 그때 주번인 친구가 나와 함께 교실을 지켰다.

주번은 매주 바뀌었는데 둘 중 한 명은 남아서 나와 함께 교실을 지키고, 한 명은 나가서 수업을 듣는 식이었다. 대개 체육 시간이나 교련 시간에 나는 책을 읽거나 숙제를 하거나 공부를 하며 보냈다. 그런데 그날 함께 남은 주번 녀석은 쾌활한 장난꾸러기였다.

"야, 심심하지 않냐?"

녀석은 칠판에 낙서를 하기 시작했다. 그림도 그리고, 글도 쓰며, 오만 잡다한 장난을 치다 보니 어느새 칠판이 낙서로 가득해졌다. 나도 옆에서 덩달아 이런저런 낙서를 같이 했다. 영어로 문장도 쓰고 한자도 끼적이며 그림을 그리다 보니 스트레스가 풀렸다. 낙서의 효능을 경험하는 순간이었다.

그때 교실 문이 열리더니 지나가던 선생님이 들어오셨다.

"너희들 교실 지키는구나."

우리들은 당황했다. 어쩔 줄 몰라서 대꾸도 못 하고 있는데 선생님은 빙긋이 웃으며 칠판을 훑어보았다.

"허, 이 녀석들…."

선생님은 유심히 칠판의 낙서를 다 읽고는 교실을 나서며 말씀하셨다.

"교실 잘 지켜라."

우리는 재빨리 칠판의 낙서를 지웠다. 당시만 해도 칠판은 선생님의 성전이었다. 그래서 칠판에 학생이 함부로 낙서하거나 칠판에 있는 내용을 지우면 징계를 받거나 호되게 꾸중을 먹는, 한마디로 문제가 될 수도 있는 일이었다. 그런 곳에 하나 가득 울긋불긋 낙서를 해놨으니!

'얌전히 교실이나 지켰어야 하는데'라는 후회가 일었다. 우연히 들어오셨던 선생님이 담임선생님에게 이를지도 모른다는 생각에 그 이후 수업 시간 내내 머리가 복잡했다.

"애들이 체육 수업 시간에 교실을 지킨답시고 남아서는 칠판에 낙서나 하고 놀던데, 주의를 좀 주셔야 할 것 같습니다."

분명히 담임선생님께 이렇게 말했을 것 같았다. 종례 시간까지 나는 노심초사하였다. 기술 과목을 담당하셨던 담임선생님은 그날 우리 학급 수업이 없어서 종례 시간까지 나는 벌벌 떨어야 했다. 혼날 게 뻔했기 때문이었다. 종례 시간이 점점 다가오자 가슴은 벌렁벌렁 뛰기 시작했다.

'선생님이 애들 앞에서 망신을 주면 어떡하지?'

불안하고 두려워 쥐구멍이라도 있으면 그대로 들어가 숨고 싶은 심정이었다. 마침내 종례 시간이 되어 선생님이 오셨다. 얼굴 표정이 좋지 않았다. 선생님은 다음날 준비 사항을 일러 주고 청소 당번을 정한 뒤 마지막으로 한마디 더 하셨다.

"내일 지각하지 말고 일찍들 오너라."

다음날에는 운동회 연습이 있었기에 아이들 출결에 더 신경 쓰셨던 것이다.

선생님이 반장의 인사를 받고 교실을 나가자 나는 그제야 가슴을 쓸어내렸다. 하루 종일 쓸데없는 걱정을 한 셈이었다. 지금 생각해 보면 지나가던 선생님이 남의 교실에 들어와서 아이들이 장난친 걸 보고 귀엽다고 생각하셨을지도 모른다. 큰 죄를 지은 것도 아니고, 그 정도도 이해 못 하는 분이 교사를 할 리도 없었을 테니 말이다.

세상일은 늘 이렇다. 살다 보면 불안하거나 소외되거나 전전 긍긍할 일들은 너무도 많다. 하지만 너무 연연해할 필요는 없다. 내가 어찌할 수 없는 일에 대해 쓸데없이 걱정하고 해결할 수 없는 문제로 고민하는 것은 참으로 어리석은 짓이다.

중학교 때는 이런 일도 있었다. 나의 짝꿍 종순이는 수업이 끝나면 우리 집에 가방을 들어다 주던 친구였다. 둘이 붙어 앉아 종이에 바둑판을 그려 놓고 오목을 두며 재미있게 놀고 있는데, 뒷자리의 택근이가 우리 사이에 끼어들었다. 자연스럽게 우리는 삼총사가 되었다. 집에 갈 때는 택근이도 종순이와 함께 우리 집까지 같이 갔다. 하지만 나는 종순이를 더 좋아했고 친해지고 싶었다. 그런데 택근이가 종순이와 더 가까워지는 것 같아지자 나는 살짝 시기심과 질투심, 그리고 종순이를 독점하고 싶다는 욕심이 생겼다.

하루는 종순이와 택근이가 우리 집까지 함께 걸어가면서 자기들끼리 이야기하는 게 들렸다.

"야, 우리 이따가 세운상가에 한번 가 볼래?"

"세운상가 좋지."

당시엔 전자제품 같은 것이나 라디오를 조립하는 게 취미인 아이들이 제법 있었다. 택근이도 그런 아이들 중 한 명이었다. 전자상가에 가서 기판이나 다이오드, 콘덴서 등을 사 와서 간단한 라디오나 무전기를 조립해 만드는 것이 취미였다. 내 가방을 우리 집에 갖다 놔 주고 두 아이는 사이좋게 이야기하며 멀어졌다.

혼자 집에 있으려니 나는 그들과 함께 가지 못하는 게 너무나도 속상했다. 나만 소외당하는 것 같았다. 그날 밤새 두 녀석이 나만 따돌리고 자기들끼리 즐겁게 노는 장면을 상상했다. 앞으로 학교에 가서 그 아이들이 웃는 낯을 어떻게 볼까 걱정했는데, 다음날 보니 두 아이는 다른 날과 별다를 것 없어 보였다.

"너희들 어제 세운상가에 안 갔니?"

"응, 가려다가 그냥 집에 갔어."

팽팽한 고무줄이 스르르 풀리는 것 같은 느낌이었다.

지나친 걱정은 영혼과 마음을 병들게 한다. 세상에서 내가 할 수 있는 일, 내가 컨트롤 할 수 있는 일은 그다지 많지 않다. 아니 어쩌면 거의 없다고 해도 과언이 아니다.

우리는 누구도 스스로 선택해서 태어나지 않는다. 부모도 내가 정할 수 없고, 가정환경, 성격, 외모 등 모든 것들이 다 하늘로부터 주어진다. 주어진 것 안에서 내가 뭔가를 할 수 있을까를 생각해야지, 뜻대로 되지 않는다고 속상해할 필요 없다. 친구 관계도 마찬가지다. 가끔은 지나친 걱정을 내려놓을 필요가 있다.

"나를 따돌리고 멀리하는 친구라면 그와 친구가 될 수 없다."

잘못된 생각은 마음에 상처를 줄 수 있다는 것을 명심해야 한다. 오히려 그 시간에 자기가 잘할 수 있는 것에 집중하는 게 낫다. 걱정은 접어 두고 책을 읽거나 공부를 하거나 운동을 하는 것이 자신을 더욱더 멋진 사람으로 만드는 지름길이다.

최악의 상황을 설정해 놓고 그 틀 안에서 고통에 몸부림칠 필요는 없다. 나 자신을 과소평가할 필요도 없다. 쓸데없는 생각으로 스스로를 너무 괴롭히지 말아야 한다. 두려워하거나 쓸데없이 걱정하면서 살기엔 우리 인생이 너무나 짧다. 겁부터 낼 필요도 없다. 두려움과 부정적인 생각이 나를 엄습하면 그것들을 과감히 잘라내야 한다. 때로는 단순무식한 게 더 좋을 때도 있다.

가족 모임이 끝나고 돌아갈 때쯤 되자 조카 얼굴이 환해졌다.

"친구한테 문자 왔어?"

"네, 핸드폰 배터리가 다 돼서 충전해 놨는데 깜빡 잠이 들었대요."

친구에게 연락이 왔다고 조카는 기뻐했다. 나는 잔소리가 될 수도 있지만 다정하게 한마디 해 주었다.

"지나치게 걱정하는 것도 안 좋지만 지나치게 기뻐하는 것도 안 좋아. 친구 사이는 그냥 조금쯤은 무덤덤한 게 좋단다."

조카는 고개를 끄덕이곤 밝은 얼굴로 웃어 보였다.

우정은
알수록 즐거운
인문학이다

"최동주 과장님 뵈러 왔습니다."

"잠시만 기다리세요."

모 종합병원 치과 복도에서 우리 가족은 소파에 앉아 그를 기다렸다. 최동주 과장은 고등학교 때 같은 반 친구다. 그가 S 대학교 치대를 졸업하고 서울에 있는 종합병원 치과 과장으로 일하고 있을 때, 나는 가족들과 시내에 나갔다가 그가 일하고 있는 병원에 들른 적이 있었다.

잠시 뒤 문이 열리고 마스크를 쓴 친구가 나왔다.

"어, 고 박사. 어서 들어와. 가족분들도 모두 들어오세요."

그를 따라 진료실 안으로 들어가자 그는 다짜고짜 나를 진료대에 앉히더니 입을 벌려보라고 했다.

"이왕 왔으니까 치아 검사부터 하자고."

치아를 살펴보더니 칫솔질을 너무 많이 해서 패인 부분을 때워주는 것이 아닌가. 그다음에 아내와 아이들도 차례대로 최동주 과장에게 입을 벌리고는 검진을 받았다. 얼떨결에 진료를 받았지만 진료비는 내야 할 것 같아 지갑을 꺼내자 그가 말했다.

"지갑은 넣어 둬."

"아니, 이러려고 온 건 아닌데?"

"됐어. 내가 해 줄 수 있는 게 이것밖에 없잖아."

나는 고등학교 때 이과였다가 대학은 문과로 가 작가가 되었지만, 친했던 친구들은 거의 다 이과이다 보니 그중에는 의사도 여럿 있다. 덕분에 여러모로 좋은 점이 많다.

중학교 동창 중에 이성기라는 친구는 화정에서 안과를 하고 있다. 몇십 년 만에 얼굴이 보고 싶어서 찾아갔더니 다짜고짜 그는 내 눈부터 들여다보면서 안과 검진을 해 주었다. 나는 이미 노안도 오고 비문증(실 같은 검은 점, 거미줄, 그림자 또는 검은 구름 등으로 느껴지는 시각적 증상)도 있어서 눈이 안 좋을 줄 알았다. 녹내장이나 백내장도 있을 수 있겠다 각오하고 있었는데 친구는 웃으며 말했다.

"깨끗해. 눈 관리 아주 잘했어. 계속 글 쓸 수 있겠는데."

"정말이야? 그럼 진료비 내야지."

"무슨 소리야? 난 친구들한테 진료비 안 받아."

그런 상황이 생길 때마다 나는 고맙고 또 미안했다. 그들은 이렇게 친구로서 선의를 베푸는데 나는 갚을 방법이 없어서다. 아무리 친구라는 관계가 대가를 바라지 않고 자기가 가진 것을 나눠주는 사이라지만, 어떤 면에선 그들도 자기의 기술과 시설을 가지고 생계를 유지하는 사람들 아닌가?

이성기 원장에게는 이후에 내가 쓴 책 중 몇 권을 골라서 선물로 보내 주었다. 병원에는 어린이 환자들도 오니까 대기실에 동화책이 있으면 좋을 것 같았기 때문이다. 이렇게 나는 친구들과 함께 성장하고 있다.

"친구를 사귀려면 먼저 자기 헌신, 즉 자기 것을 내어 줄 줄 알아야 한다."

학교 다닐 때 내 가방을 들어 주거나 나를 업어 준 친구들에게 나는 내줄 것이 없어서 늘 미안했다. 그래서 친구들을 볼 때면 항상 뭔가 해 주고 싶고 도와주고 싶은 마음이 가득했다.

몇 년 전 최동주 과장이 대학병원을 나와서 양평에 치과를 개업했다. 마침내 원장이 된 것이다. 서울도 아닌 양평에 개원해서 처음엔 걱정도 많이 했다. 내가 걱정하는 마음을 알고 그는 오래전부터 양평에서 은퇴할 때까지 치과의사로 사는 걸 꿈꿔왔다고 말했다. 그 말을 듣고서야 참 다행이다 싶었다. 그런데 어느 날 그가 나에게 고민을 털어놓았다.

"직원들 복지를 위해서 뭘 하면 좋을까?"

나는 그에게 평소 생각해 왔던 걸 말했다.

"인문학 강의를 하면 어때? 한 달에 한 번씩 좋은 강사들을 초대해서 간호사들과 치기공사들에게 강의를 선물하는 거야. 아무래도 서울보다는 그런 기회가 많지 않잖아."

개인 치과 원장이 직원들을 위해서 인문학 강의를 선물로 해 준다는 건 나름 신선한 발상이었다.

"좋은걸! 하지만 나는 그런 강사들을 잘 모르는데? 어떻게 섭외하지?"

"걱정하지 마. 강사들은 내가 소개해 줄게."

20년 가까이 강연계를 누비고 있는 내가 좋은 강사들을 연결해 주는 것은 일도 아니었다. 내가 강사들을 소개해 주자 일은 일사천리로 진행되었다.

내 소개로 치과를 찾아간 강사들은 병원 식구 다섯 명이 강의를 듣는 것에 처음엔 무척 당황했다고 한다.

얼마 전 나는 최 원장에게 물었다.

"인문학 강의 반응은 어때?"

"아주 좋아. 직원들이 처음에는 뭐 이런 걸 하나, 일찍 퇴근이나 시켜주지 하다가 강의를 들으면서 자기계발도 되고 하니까 좋다는 거야. 역시 인문학은 뭐든 도움이 돼. 고마워.”

시간이 지나자 양평의 작은 치과에서 시작했던 강의는 소문이 나서 지금은 더 큰 규모로 발전했다. 어느새 ‘양평일루미’라는 이름으로 강연이 정기적으로 진행되고 있다.

게다가 좋은 취지로 시작한 일이다 보니 양평에서 식당을 운영하는 사장님 한 분이 가세했다. 김동운 사장 역시 인문학 공부를 하는 강사이며 저자이기도 하다. 매달 한 번씩 첫째 주 월요일 저녁이면 양평 시장 상인들이 모이는 회관에서 강연이 열리고, 수십 명의 청중들이 몰려와 강연을 듣는다. 양평에 새로운 문화의 바람을 불어 넣은 것이다.

이런 일이 가능했던 것은 바로 나의 친구인 최동주 원장이 직원들을 위해, 더 나아가 지역사회를 위해 할 수 있는 봉사를 찾았기 때문이다. 세상을 좋게 만드는 일에 조금씩 힘을 보태는 친구들이 있다는 사실이 참으로 자랑스럽다. 인문학적 소양을 가진 친구들의 우정은 이렇다.

친구야
내 뒤를 부탁해

작가 카프카는 1902년 막스 브로트라는 친구를 만났다. 그는 카프카의 친구들 중에서도 그를 가장 걱정해 주고 배려해 준 친구였다. 둘은 프라하 대학교에서 법학 공부를 하다 알게 되었는데, 카프카는 건강이 나빠지자 막스 브로트에게 자신이 죽으면 아직 출판되지 않은 원고는 전부 불태워달라고 부탁했다. 그리고 이미 인쇄된 작품도 더는 출판하지 말아 달라고 유언했다.

하지만 브로트는 카프카의 유언대로 하지 않았다. 카프카가 죽은 뒤 그의 원고들을 책으로 발간했던 것이다. 그로 인해 카프카의 이름과 작품은 세계적인 명성을 얻게 되었다. 브로트가 없었다면 카프카도 없었을 것이다. 문학의 세계에서는 이런 일들이 꽤 많다.

윤동주 시집도 비슷한 상황을 거쳐 우리 손에 들어왔다. 1940년 전남 광양 출신 정병욱은 연희전문에 입학한 후 2년 선배인 윤동주와 친하게 지냈다. 그들은 같은 하숙방을 쓸 정도로 가까운 사이였다. 일본 유학을 준비하던 윤동주는 졸업 기념 시집을 발간하려다 실패하자 '하늘과 바람과 별과 시'란 제목까지 붙여 자신의 시를 직접 써서 시첩 세 권을 만들었다. 그리고 이 시첩을 연희전문 이양하 교수와 친한 후배였던 정병욱에게 한 권씩 주었다.

정병욱은 졸업 후 윤동주의 시첩을 고향에 계신 어머니에게 맡겼다. 훗날 일제의 학병으로 나갔다 돌아온 정병욱은 1945년 2월 후쿠오카 감옥에서 윤동주가 사망했다는 사실을 알게 된다. 그 후 그가 남긴 시첩으로 꼭 시집을 내겠다고 결심한다. 그렇게 발간한 시집이 오늘날 우리가 알고 있는 윤동주의 처음이자 마지막 시집 《하늘과 바람과 별과 시》이다. 이 시집에는 주옥같은 시들이 실려 있다. 참으로 하늘이 도운 것이 아닐 수 없다.

그 정도는 아니지만 나도 작가로서 역사가 될 만한 자료들을 상자에 담아 놓는다. 요즘은 디지털 시대이기에 원고를 누구에게 맡기고 부탁할 필요도 없다. 작은 노트북 컴퓨터와 USB에 다 보관할 수 있기 때문이다.

그러나 학생들이 보내온 팬레터, 집필 자료, 사진과 기념품, 애장품 등은 부피가 좀 된다. 이것들은 결국 박스에 담아 보관해야 한다. 박스에 담다 보니 10여 개 정도가 되었다. 좁은 집 안에 보관할 방법이 없어서 나는 믿고 맡길 만한 친구인 시인에게 박스를 맡겼다. 그의 출판사 사무실에 일부를 좀 보관해 달라고 부탁한 것이다. 나머지 박스들은 내 책장 뒤 빈틈에 보관되어 있고, 작업실 한쪽 자리도 차지하고 있으며, 여기저기 조금씩 흩어져 있다.

만일 내가 죽은 후 나를 기억하고 싶은 사람들은 나의 박스를 열어 보면 된다. 작가 고정욱이 어떤 고민을 하며 어떤 삶을 살다 죽었는지 확인할 수 있을 것이다.

고흐는 생전에 그림을 단 한 점도 팔아 보지 못한 작가이다. 불행한 삶을 살다 죽은 그였지만 오늘날 세계 최고의 화가라는 평가를 받는 이유는 동생 테오의 아내인 요가 있었기 때문이다. 애초에 고흐를 유명하게 만들려고 했던 사람은 동생인 테오였다. 그는 형이 위대한 화가임을 세상에 알리기로 결심했다. 그러나 테오 역시 고흐가 죽고 얼마 지나지 않아 갑자기 쓰러져서는 이내 숨을 거두고 말았다.

그가 다하지 못한 미션은 아내인 요가 책임져야 했다. 요는 아주버님인 고흐와 남편인 테오를 동시에 세상에 알리기로 했다. 그래서 364점의 작품과 스케치, 편지들을 상속받아 회고전을 열었고, 그렇게 고흐를 세상에 알리기 시작했다.

위대한 사람들 중에는 자신의 업적을 살아생전 인정받지 못하는 경우가 많다. 그들은 그저 불꽃처럼 열정을 다 바쳐 자신의 일에만 충실하다가 세상을 떠날 뿐이다.

"그들을 위대하게 만드는 것은 남아 있는 친구나 가족, 친척 등 지인들이다. 친구의 소중함이 바로 여기에서 드러난다."

열심히 사는 건 정말 중요하다. 하지만 그럴수록 내 곁에 남아 있는 사람들에게 잘해야 한다. 언제 누가 나의 가치를 세상에 전할지 모르는 일 아닌가!

친구와 함께
강남 가는 길

"친구가 탤런트 시험을 본다고 해서 저는 구경이나 할까 하고 같이 갔다가 재미 삼아 지원했어요. 그랬는데 친구는 떨어지고 제가 붙고 말았죠."

가끔 탤런트나 연예인들 인터뷰를 보면 공채 시험이나 오디션에 친구를 따라갔다가 덜컥 뽑혔다는 말들을 많이 한다. 그 사람에겐 나름의 운명이 따로 있었던 것이다.

하지만 나는 조금 다르게 생각한다. 그 운명을 친구가 인도해 준 것이다. 주변에 어떤 친구가 있느냐에 따라 나의 운명은 바뀔 수 있다. 공부를 좋아하는 친구와 사귀면 도서관에 가게 되어 있고, 노는 걸 좋아하는 친구와 어울리면 오락실에 가게 된다. 장애인이 된 후 나와 알게 된 가수 강원래는 학창 시절부터 구준엽과 춤추러 다녀서 나중에 댄스 듀오 '클론'을 결성하게 됐다고 한다.

가끔 학교에서 폭력 사건이 일어나 부모들더러 학교에 나오라고 하면 대부분 와서 이렇게 말한다.

"저 녀석이 친구를 잘못 사귀어서 그렇지 본성은 나쁜 애가 아니에요."

"쟤가 머리는 좋은데 친구들과 노느라고 정신이 팔려서 노력을 안 해요."

재미있게도 늘 안 좋은 일은 친구 '탓'을 한다. 하지만 친구 따라 공부 열심히 해서 좋은 대학에 입학하거나 성과를 냈을 땐 스스로 노력했기 때문이라고 한다. 친구란 존재가 달면 삼키고 쓰면 뱉는 존재인가?

친구 때문에 우리 삶의 방향이 결정될 수도 있다. 간혹 학생들이 보내오는 이메일 가운데 학교에 다니는 게 적성에 맞지 않아 자퇴하고 검정고시를 봐 원하는 대학에 입학해 꿈을 이루겠다는 아이들이 있다. 그러면 나는 이렇게 답장을 한다.

"학교에 다니는 목적이 꼭 공부만 하기 위한 것은 아니란다. 학교야말로 좋은 친구를 사귈 수 있는 가장 좋은 곳이야. 친구 없는 청소년기를 보내도 좋다면 그렇게 해도 좋지만."

기회가 있을 때마다 반복해서 하는 얘기지만, 내가 장애를 가지고도 작가가 되고 사회활동을 할 수 있었던 것은 모두 다 친구들의 도움 덕분이었다. 친구들의 도움이 없었다면 내게 아무리 능력과 재능이 있다 해도 발휘할 기회가 없었을 것이다.

중학교 동창 김철용과는 한동안 연락이 끊겼었다. 그러던 어느 날 전화가 왔다.

"어떻게 내 전화번호 알았어?

"야, 네가 내 전화번호는 알 수 없을지 몰라도 내가 네 전화번호는 알 수 있지. 너는 공인이잖아. 출판사에 물어봐도 되고 학교에 물어봐도 되지 않겠냐?"

"그래. 반갑다."

그렇게 해서 잊고 지냈던 친구를 다시 만날 수 있었다. 녀석은 중학교 때 나보다 공부 잘하던 모범생이었는데 고등학교를 다른 학교로 가게 되면서 헤어졌다. 그사이 아버님이 일찍 돌아가시고 방황하던 끝에 공부를 놔버렸다고 한다. 요즘엔 무슨 일 하냐고 묻자 목욕탕에 때수건이나 샴푸 등을 납품하는 일을 한다고 했다. 나는 기억하지 못했는데, 그 녀석이 말하길 내가 고등학교 올라가면서 같이 공부하자고 자기를 꾀였다는 것이다. 그때 자기는 이미 노는 데 빠져서 공부에는 뜻이 없었다고 한다. 그런데 내 말을 듣고 같이 공부했더라면 인생이 조금은 달라졌을지도 모르겠다고 이야기했다. 한마디로 나를 따라서 강남에 가지 않은 것이다.

　좋은 친구를 사귀는 것은 중요하다. 그리고 친구와 함께 성장하는 것은 더 중요하다. 대학교 시절 같이 어울렸던 친구가 있었다. 그 친구는 다른 분야로 가서 이것저것 사업을 하다 모두 실패하고 말았다. 백수가 되어 몇 년째 놀고 있기에 나는 그 친구에게 집에만 있지 말고 나와 함께 다니지 않겠느냐고 제안했다. 집에만 있다 보면 노는 것이 습관이 되기 때문이다.
　그렇게 해서 그 친구는 내 차를 운전해 주기도 하고, 내가 강연 갈 때 보디가드 역할도 해 주었다. 한 번은 그 친구가 살던 집에서 쫓겨나게 생겼다는 이야기를 들었다. 계약 기간이 끝나가는데 주인이 보증금을 올리겠다고 했다는 거다. 이 이야기를 듣고 나는 대학교 동창들에게 모금을 제안했다. 오지랖 넓게 앞에 나섰던 것이다.
　"아무개가 이사를 해야 하는데 너희들도 알다시피 걔가 신용불량자 아니냐! 형편이 어려우니 우리가 십시일반으로 도와주자."
　친구들은 형편껏 나에게 돈을 보내 주었다. 나는 그 돈을 잘 모아 두었다가 보증금에 보태 주려고 했다. 그런데 여러 사람이 모여 하는 일이라 그랬는지, 소문이 돌고 돌아 그 녀석이 그 사실을 알게 되었다.

"야, 너 나 주려고 돈 모아 놓은 거 있다며? 근데 왜 안 주냐?"

"너 이사 갈 때 주려고 그러지. 보증금에 보태라고. 푼돈으로 다 써 버리면 안 되지 않겠니?"

그 후 그 친구는 자신을 위해서 모아 둔 돈이 있다는 걸 알고는 그 돈을 받아 내기 위해 여러 가지 다양한 핑계를 대기 시작했다. 아내가 병원에 입원해야 한다는 둥, 부모님이 편찮으시다는 둥….

나는 친구가 돈이 필요해서 그런다는 걸 눈치챘지만 내가 그 돈 주인도 아니고, 애초부터 그 친구를 도와주려고 모은 돈이었기에 더는 친구의 독촉을 거절할 수가 없었다. 오해를 사지 않으려고 나는 모아 둔 돈을 송금해 주었다. 그러고 나서 한 달 뒤 그 친구를 만나 물었다.

"이사는 잘했어?"

"응, 잘했어."

"보증금에 친구들이 모금한 돈 보탰어?"

"아니 못 했어. 내가 원래 허리가 좀 안 좋잖냐. 그래서 네가 보내 준 돈으로 포장이사 불렀지. 덕분에 편하게 했어."

그 순간 나는 충격을 받았다. 친구들이 힘들게 모아 준 돈을 그렇게 허무하게 써버리다니 나는 참으로 당황스러웠다. 멀리가는 것도 아니고, 살림이 많은 것도 아니고, 같은 동네에서 동네로 이사하면서…. 포장이사가 흔치 않았던 시절이라 금액도 꽤 비쌌을 터였다.

그 뒤 돈을 보내줬던 다른 친구와 만났을 때 그 이야기를 털어놓았다.

"나였다면 친구들의 정성을 생각해서라도 이삿짐을 리어카로 실어 나를지라도 그 돈만큼은 보증금에 보태서 소중히 저축했을 텐데."

그러자 함께 얘기하던 친구가 말했다.

"친구라는 게 원래 어렸을 때나 친구지 같이 성장하지 않는 한 친구 되기 힘들어."

그 말은 매우 충격적이었다. 그렇다. 친구와 함께 강남은 갈 수 있어도 함께 성장하지 않으면 강남에 간 것 자체가 아무 의미가 없게 된다. 강남에 가서도 서로 격려하며 같이 성장해야 아름다운 결말을 맺을 수 있다.

나이가 들수록 친구가 없어지는 이유는 각자 생활이 바빠서이기도 하지만 함께 성장하지 못했기 때문일 수도 있다. 좋은 친구 관계를 유지하려면 이를 악물고 나부터 바른길을 가야 한다. 그것이 진정으로 친구와 함께 강남 가는 길이다.

선한 영향력,
상생을 칭찬해

"한부열 작가는 어떻게 생활하시나요?"

자폐성 장애를 가지고 있는 화가 한부열 씨와의 인터뷰에서 내가 물었다. 물론 부열 씨와 직접 의사소통을 할 수 없기 때문에 매니저처럼 곁에서 도와주시는 어머니가 대신 대답했다.

"월급 받아요. 직장이 있거든요."

의사소통도 되지 않는 자폐성 장애인이 직장을 다니다니, 놀라운 얘기였다. 출퇴근하는 건 아니지만, 그림을 그려 한 달에 한 작품씩 제공하고 보수를 받고 있다고 했다.

장애인이 직장이 있고, 기업의 후원도 받을 수 있다니 대단한 일이라고 생각했다. 치열한 경쟁에서 살아남기 위해 물불을 가리지 않고 달려들어도 살아남기 힘든 요즘 같은 불황에 기업이 이윤과 상관없는 일을 하다니. 최근에 들은 이야기 중 가장 청량제 같은 이야기였다.

내 작품의 모델이기도 한 한부열 작가는 30센티미터 자를 대고 그림을 그리는 전업 화가다. 누구도 시도하지 않은 방식으로 자신만의 세계를 그려내는 사람의 그림은 정말 독특하다. 그림을 보고 있노라면 깊은 예술적 영감이 전해져 온다.

그의 예술세계가 하도 특이해서 그가 살아온 이야기를 동화로 써 보기로 했다. 그래서 소식을 묻는 와중에 이렇게 누군가의 지원으로 작업을 이어나가고 있다는 이야기를 전해 들은 것이다.

자고로 예술은 배고픈 분야이다. 오죽하면 예로부터 음악이나 미술을 하겠다고 하면 부모들이 다리몽둥이를 분질러 버린다고 말했을까. 한류가 전 세계를 휩쓸고 있는 지금도 상황은 크게 나아지지 않았다.

나 역시도 소출이 적은 글밭을 가는 노동자로서 매일매일의 삶이 늘 팍팍해 항상 위기의식을 느끼며 산다. 예술은 의식주와 연관된 보상이 있어도 그만, 없어도 그만이기 때문이다. 자기만족과 자기실현만으로도 만족감을 느끼고 행복해하는 예술가들이 많다. 소비자들의 우선순위에서 밀려날 때가 많고 그래서 예술가들은 늘 배고프고 힘들다.

몇몇 인기 예술가들을 제외하면 예술가에 대한 인식이나 처우도 그다지 높은 편이 아니다. 전보다 나아졌다고는 해도 여전히 '열정 페이'가 만연해 있고, 도제식 훈련방식도 그대로 남아 있는 게 현실이다.

당연히 정당한 보수는 꿈도 못 꾼다. 30년 전 200자 원고지 한 장당 1만 원이던 고료가 지금도 여전히 1만 원인 것만 봐도 환경이 크게 달라지지 않았다는 걸 알 수 있다.

더군다나 장애인 예술가는 어떻겠는가. '예술'이라는 척박한 무대에 '장애'라는 불리함까지 겹쳐졌으니 말이다. 그 열악함은 미루어 짐작 가능하다.

우리나라에는 장애인의무고용제도가 있다. 월평균 상시 50명 이상의 근로자를 고용하는 사업주는 근로자 총 수의 3% 안팎의 장애인 근로자를 의무적으로 고용해야 한다. 해당 사업주가 장애인 고용 의무를 이행하지 않을 경우에는 고용 부담금을 자진신고하고 납부해야 한다.

이렇게 걷은 부담금은 장애인의 융자 지원, 장려금 지급 등 장애인 고용 촉진을 위한 각종 사업에 사용된다. 한마디로 상생의 제도이다.

하지만 장애인 예술가는 직장을 다닐 수 있는 기술자가 아니다. 그들의 능력은 오로지 예술 분야에서만 발휘된다. 그래서 장애인의무고용제도를 보완한 것이 장애인예술인후원고용

제도이다. 장애인 예술가도 이 사회에서 더불어 살아가는 사람이기에 그들에게 고용 장려금을 주는 대신 그들의 예술 활동을 지원하는 것이다. 또 다른 아름다운 상생의 제도이다.

트리나 포올러스의 우화 《꽃들에게 희망을》을 보면 주인공 애벌레는 거대한 애벌레들이 쌓아 올린 애벌레들의 피라미드에 오르기 시작한다. 수많은 애벌레들이 다른 애벌레를 밟고 정상을 향해 올라가려 애쓴다. 다른 애벌레를 아래로 밟아 떨어뜨려야 자신이 살아남는다. 애벌레 피라미드 위에 무엇이 있는지 알지도 못한 채 애벌레들은 끊임없이 위를 향해 기어오른다.

우리들의 삶도 그렇다. 가정에서 학교에서 사회에서 위로 올라가기 위해 누군가를 이기고 누군가를 떨쳐내야 내가 그 자리를 차지할 수 있다. 매일매일이 전쟁이고, 나날이 투쟁이고 서로에게 상극인 삶이다.

그러다 보니 경쟁에서 패했다는 생각이 들 때마다 수시로 자존감이 바닥을 친다. '나는 고작 벌레 한 마리, 혹은 나사 하나에 불과한 것인가'라는 생각이 수시로 고개를 들어 나를 괴롭힌다.

하지만 곰곰이 생각해 보면 딱히 그렇지만도 않다. 우리가 사는 사회는 전쟁터가 아니다. 나를 제외한 모두를 제거해야 하고 이겨야만 한다면 종국엔 무엇이 남겠는가. 우리가 사는 사회는 누군가를 죽여야만 내가 살아남을 수 있는 곳이 아니다. 남보다 뛰어나지 않으면 도태되고, 사회 안에서 살아남을 수 없다는 생각은 그릇된 망상이다. 이 사회에는 저마다의 개성과 역량과 노력으로 각자 맡아야 할 역할이 얼마든지 있다. 그런데도 남과 비교하고 차별하고 친구들을, 동료들을 따돌린다.

바다에서 조난당해 표류하게 되면 먹을 물이 없어 죽게 된다. 사방이 물인데도 짠물밖에 없어 그것으론 생명을 연장할 수가 없다. 하지만 생각을 전환하여 그 바닷물에서 소금 성분만 제거하면 물이 무한하게 있는 곳이 바다. 바닷물을 증발시켜 그 수증기를 모아 생명수를 만들어 내는 장치는 그렇게 만들어졌다.

이렇게 삶의 관점만 바꾸면 새로운 길이 열린다. 나를 불안하게 만들면서 누군가를 죽여야만 살 수 있다는 상극의 관점을 바꾸자. 우리 사회는 약육강식이 벌어지는 전쟁터가 아니다. 오히려 다양한 사람들이 힘을 합치는 화합의 장이다. 능력을 합쳐서 거대한 목적을 이루어 내는 곳이다. 그러면서 나 스스로 수많은 선한 영향력 중 하나가 되어야 한다.

"내 옆에 있는 사람은 '경쟁자'가 아니라 소중한 '협력자'다."

그래서 나 역시도 동화작가들을 만나면 동지애를 느낀다. 그 래서 좋은 강연 자리가 생기면 소개해 주거나, 원고 청탁도 연결해 준다. 그들은 상생의 대상이지 경쟁의 대상이 아니기 때문이다. 문학 발전을 위해 함께 노력하고 있는 동료이다. 서로 싸우고 헐뜯을 필요가 없다. 이렇게 관점을 바꾸면 상생이 시작된다.

장애인의 실업률은 놀랍게도 36.9%나 된다. 또 그들 중 장애인 예술가들의 69.3%는 수입이 아예 없다. 이들이 상극의 전쟁터로 내몰리면 그건 경쟁이 아니라 말살이다. 기울어진 운동장(공정한 경쟁이 불가능한 상황을 비유적으로 이르는 말) 정도가 아니라 절벽 아래로 떠미는 것이나 마찬가지다.

하지만 상생으로 패러다임을 바꾸면 길이 보인다. '장애인 예술인후원고용제도'에 따르면 장애인 예술가를 다양하게 후원할 수 있다. 가령 W 기업의 경우 이 제도를 바탕으로 12명의 화가를 고용하였고, 그들은 10호 크기의 그림을 매달 하나씩 그려서 회사에 양도하고 있다. 활동비와 재료비, 액자비 등을 지원해 주며 계약직 직원으로 매달 월급을 받는 시스템이다. 화가가 그림 작업에 전념할 수 있게 해 준다.

금액을 떠나 이렇게 되면 장애인 예술가들은 소속감을 느끼게 되고, 기업은 사회의 일원으로서 공헌한다는 자부심이 생긴다. 이는 장애인이 스스로 자립할 수 있도록 하는 기회를 제공할 뿐 아니라 결과적으로 사회적 비용을 감소시켜 긍정적 효과를 낳는다. 상생의 긍정적 효과다. 칭찬하지 않을 수 없다.

이처럼 이 사회에서 더불어 살아가야 하는 내 옆에 있는 친구와 이웃은 이 세상을 함께 만들어 가는 소중한 존재임을 잊지 말자. 그들의 도움으로 얼마나 많은 혜택을 보는가 말이다.

한부열 씨의 개인전이 곧 있다고 하니 나도 꼭 보러 가야겠다. 이런 작은 응원도 세상에 좋은 기운을 퍼뜨리는 것 중 하나다. 그곳에서 다시 새로운 인연을 만나 또 다른 상생을 꿈꿀 수도 있을 테니 말이다.

우리는
동물원의 원숭이가
아니다

내가 맨 처음 주목한 사람은 한 청년이었다. 맨발의 그 청년은 필리핀 앙헬레스의 도심을 가르는 강변을 여기저기 다니며 쓸 만한 플라스틱 재활용품을 커다란 비닐봉지에 주워 담고 있었다. 하수 정화 시설이 되어 있지 않은 하천은 그야말로 썩은 물이 흐르고 사방에서 악취가 진동했다. 마치 우리나라의 60년대 풍경을 보는 것만 같았다. 함께 여행하던 우리 일행 중 한두 명이 다리 위에서 그들이 살고 있는 다 쓰러져 가는 판자촌을 카메라로 찍기 시작했다. 사진을 찍는 것도 하품처럼 전염되는지 하나둘 따라서 스마트폰 셔터를 눌러댔다.

그때였다. 무심히 판자촌 강변을 걷던 한 중년 사내가 다리

위의 우리를 올려다보더니 두 팔을 벌려 휘둘렀다.

"우리를 환영한다고 손을 흔드나 봐."

일행 중 한 사람이 말했다. 그러자 또 다른 일행이 말했다.

"아니, 사진 찍지 말라는 거야."

우리는 황급히 카메라를 거두고 다리를 건넜다.

어렸을 적에 나는 어머니 등에 업혀 학교에 다녔다. 오전에 한 번, 오후에 한 번 나를 데려가고 데려오기 위해 어머니는 하루에 두 번씩 학교에 와야 했다. 어느 날 인근 경찰서의 경찰관이 그 모습을 안타깝게 여겼는지 나의 등하교를 도와주겠다고 자청하였다. 덕분에 한동안은 경찰서 오토바이를 타고 학교에 다닐 수 있었다.

그러자 그 소문을 들은 신문기자들이 나를 찾아오기 시작했다. 일방적이었다. 나의 허락 따위는 필요 없었다. 그들 눈에 나는 그저 불쌍한 장애아, 봉사하고 희생하는 멋진 경찰을 빛나게 해 주는 소품 정도로밖에는 안 보이는 듯싶었다. 그들은 내 기분을 살피거나 인터뷰가 가능한지 물어보거나 또는 허락을 구하려 하지 않았다. 그저 아무 때나 학교로 불쑥 찾아와 내가 오토바이를 타고 등하교하는 장면만을 그럴듯하게 연출해 연신 사진기 셔터를 눌러대기 바빴다.

가끔 시간이 나서 텔레비전을 보고 있으면 어김없이 구호기관에서 아프리카 아이들의 비참한 모습을 찍은 동영상이 후원 모집 광고로 나오곤 한다. 그럴 때마다 나는 의문이 든다. 저런 사진이나 동영상은 진정 그들이 원해서 찍은 것일까? 그들의 존엄성을 지켜주며 찍은 것일까? 아마도 아닐 것이다. 순전히 찍는 자의 입장만 일방적으로 부각해서 촬영했을 터이다. 이는 어쩌면 카메라를 든 자의 폭력일 수도 있다.

반대의 경우도 있다. 일본인 노무라 할아버지는 오래전 1968년 한국을 처음 방문하였다. 내가 초등학교에 다니던 시절이다. 그는 일본인들이 잘 찾지 않던 한국에 와서 가난하기 짝이 없던 우리네 삶의 현장들을 찾아다니며 그들을 돕고 사진을 찍었다. 사비를 털어 중병에 걸린 아이들을 도왔고, 매일 빈민가를 다니며 애정을 가지고 사람들을 만났으며, 사진을 찍어 많은 것들을 기록했다. 그가 만난 사람들은 사진으로 남아 역사가 되었다. 그렇게 1970년대의 한국이 우리 곁에 남을 수 있었다.

비슷한 예는 또 있다. 많은 장애인이 "우리는 동물원의 원숭이가 아니다"라며 구경거리처럼 바라보지 말라고 오랜 세월 소리 높여 외쳤다. 오랜 교육의 효과로 장애인 인식 개선이 이루어졌고, 많은 장애인이 사회에 진출해 각자 목소리를 내며 사회 곳곳에서 활동하고 있다.

요즘은 다문화 가족들이 우리가 했던 말과 구호를 외치기 시작했다. 피부색이 다르다고 자신들을 구경거리 취급한다는 것이다. 지금도 여전히 장애를 가졌거나 피부색이 다른 이들, 가난한 사람과는 친하게 지내지 말고 멀리하라고 자녀들에게 말하는 부모가 종종 있다. 그러다 보니 건전하고 바르게 성장해야 할 아이들이 배움의 공간에서 따돌림당하기도 하고, 학교폭력으로 고통을 겪기도 한다.

'나와 다른 것은 잘못된 것'이라는 고정관념이 그런 행동과 생각을 만든다.

나 역시 아직도 그런 시선을 느낀다. 강연을 하러 가기 위해 휠체어를 타고 기차에 오르면 사람들이 힐끔힐끔 쳐다본다. 물론 이제는 너무나도 익숙한 풍경이다. 그저 잠시 구경거리가 되어 주면 된다고 생각하기도 한다.

평소에 그런 차별을 겪었던 나조차도 필리핀 여행에서 만난 빈민들의 삶을 그저 호기심으로 지켜보는 구경꾼 입장이 되어 있었다. 그날 호텔로 돌아와 곰곰이 생각해 보았다. 생각이라는 건 두 팔을 벌려 사진을 찍지 말라고 했던 그 남자의 입장이 되어 보는 것이다. 내가 냄새나고 더러운 강변의 척박한 곳에서 살고 있는데, 어느 날 다리 위를 건너가던 외국 관광객들이 내 모습을 찍는다면 어떤 기분일까?

우리가 찍은 사진은 그저 호기심, 구경거리를 놓치기 싫은 욕망의 결과물일 뿐이다. 그들에 대한 사랑도 관심도 책임도 지지 않는 무도한 행위인 것이다. 마음 깊은 곳에서부터 부끄러움이 솟구쳐 올랐다. 내가 그였다면 주먹을 불끈 쥐고 가만 두지 않겠다며 쫓아갔을 것이다.

　지금 다시 생각하니 등골이 오싹하다. 입장을 바꿔 놓고 보니 나의 행동이 얼마나 잘못된 행동이었는지 알 수 있었다. 나중에 찍은 사진을 확대해서 보니 그 사진 속에서 사내는 우리를 무서운 표정으로 올려다보고 있었다.

　내가 어떤 행동을 하거나 말을 할 때 상대방의 입장을 헤아리는 것이 왜 중요한지를 다시 생각해 보게 되었다. 그 사진은 나에게 '공감이 무엇인지 다시금 생각해 보라'라는 경종을 울렸다. 다른 사람의 입장이 되어 보는 노력이 느슨해질 때마다 이 사진을 들여다보아야겠다.

약자에 대한
진짜 배려

　모처럼 독일과 프랑스를 다녀올 기회가 있었다. 프랑크푸르트 국제도서전은 세계에서 가장 규모가 큰 도서전 중 하나이다. 전 세계 출판사들이 참여하기 때문에 출판 관계자들이 매년 참가해 보고 배우는 좋은 교육의 장이다. 그곳에 내가 참석하게 된 것이다.

　출판사의 후원을 받아 8박 9일간 독일과 프랑스를 둘러보고 올 수 있는 기회였으니 가슴이 설렐 수밖에. 그런데다가 더욱 설렜던 이유는 이번 일정은 일행 없이 나 혼자서 가는 여행이었기 때문이다. 외국 여행을 갈 때면 항상 보조자나 일행이 함께 갔지만 이번엔 함께 갈 수 있는 사람이 없어서 코스가 같은 낯선 사람들과 여행해야 했다.

인천 공항에 도착하면서부터가 걱정이었다. 차는 장기 주차장에 세우면 된다지만, 현지에서의 이동이 문제였다. 그래서 궁리 끝에 짐을 최대한 조금 가지고 가서 나 혼자 휠체어로 움직여 보기로 했다. 결론부터 얘기하자면 나의 계획은 멋지게 성공했다. 다른 장애인들도 나의 경우를 본보기 삼아 얼마든지 혼자 해외여행을 할 수 있다고 얘기할 수 있을 정도다.

우선 나는 옷과 여행 필수품을 최소한으로 줄여 자그마한 슈트케이스에 담았다. 그리고 차에 싣고 공항 장기 주차장에 도착한 뒤 슈트케이스를 내 휠체어에 매달고 혼자 힘으로 셔틀버스 정류장으로 갔다. 장애인용 주차장 바로 옆에 셔틀버스가 섰기 때문에 이동에는 별문제가 없었다. 셔틀버스 기사는 리프트로 나를 버스에 올려 주었다. 공항 대합실까지 가는 데 아무 지장이 없었다.

공항 안에서는 장애인도 이동에 전혀 문제가 없다는 것을 몇 번의 경험으로 이미 알고 있었기 때문에 비행기를 탈 때까지는 순탄했다. 문제는 오랜 시간 동안 비행해서 도착한 독일에서 발생했다.

유학 갔다 온 사람들이 늘 칭찬하던 선진국 독일. 이동에 전혀 문제가 없기 때문에 수많은 장애인들이 자유롭게 돌아다닌다는 그 나라에 가슴 설레며 도착했건만, 나는 프랑크푸르트 공항에서부터 독일 장애인들의 실상을 처음으로 맞닥뜨렸다.

독일 항공사인 '루프트한자'는 승객들이 다 내린 뒤에도 나를 밖으로 나갈 수 있게 해 주지 않았다. 어떻게 된 일이냐고 물으니 루프트한자와 프랑크푸르트 공항은 나와 같은 장애인들을 따로 운송하는 전문 요원을 두고 있다는 거였다. 그들이 와야만 나를 비행기 밖으로 내보내 줄 수 있기 때문에 기다려야 한단다.

사실 한국에서 열차나 비행기를 타 봤기 때문에 나 혼자서도 얼마든지 이동이 가능했다. 하지만 원칙을 어기는 일은 절대 있을 수 없다는 것이었다. 다른 사람들보다 조금 늦게 나가도 나는 통관 수속이 생략되니 빨리 갈 수 있을 거라 여겨 느긋하게 마음먹고 무작정 기다렸다.

그러나 10분이 지나고 20분이 지나도 그놈의 잘나 빠진 요원이란 작자들은 나타날 생각을 하지 않았다. 비행기에 청소부들이 들어와 청소를 하느라 정신이 없는데 나는 휠체어가 바로 코앞에 있는데도 움직일 수가 없으니 답답한 노릇이었다.

그렇게 30분이 지났을까. 하얀색 옷을 입은 건장한 터키 남자 둘이 오더니 나를 기내용 휠체어에 옮겨 태웠다. 그리고 비행기 바깥으로 밀고 나가더니 내 휠체어에 다시 옮겨 타라고 했다. 나는 자력으로 내 휠체어에 옮겨 탔다. 로딩 브리지를 빠져나와 공항 안으로 들어오자 그들은 빠이빠이 손 인사를 하고는 돌아가 버리는 것이 아닌가. 어이가 없었다. 이것이 소위 선진국 독일이라는 곳에서 장애인들에게 해 주는 서비스란 말인가.

허겁지겁 공항 밖으로 나온 나는 그 넓은 프랑크푸르트 공항을 한참 헤맨 뒤에야 비행기에 함께 탔던 일행들을 만날 수 있었다. 그들은 벌써 버스에 올라 장애인 한 명이 속을 썩인다는 표정으로 나를 기다리고 있었다.

독일이라는 나라에 대한 기대감은 그렇게 무참하게 무너지고 말았다. 장애인을 위해서 원칙을 지키고 전문 요원들이 서비스해 주는 것까진 좋지만 30분씩이나 늦게 와서 별것도 아닌 도움을 주는 것이 과연 장애인을 위한 편의인가? 차라리 나와 같은 경우에는 혼자 맘 놓고 움직이게 놔두는 게 더 장애인을 위하는 것이지 않을까? 어느 것이 더 좋은 것인지 알 수가 없어서 이런저런 생각을 하게 되었다.

호텔에서 하룻밤을 묵고 그다음 날부터 본격적으로 도서전에 참석했다. 축구장 넓이만 한 도서 전시장이 한 건물에 3층씩 포개져 있었는데 건물 하나만 돌아보는데도 온종일이 모자랄 지경이었다. 그런 건물이 10개 정도 있었는데, 마치 우리나라의 코엑스 같았다. 얼마나 넓으면 건물마다 이동을 돕기 위해 셔틀버스가 다닐까.

엄청난 규모에 질린 나는 셔틀버스에 리프트가 장착돼 있는

지 물었다. 그러나 안타깝게도 리프트가 없는 일반 소형 버스들뿐이었다. 결국 나는 전시장과 전시장 사이를 휠체어를 굴리며 돌아다닐 수밖에 없었다. 다행히 전시장에는 장애인을 위한 승강기라든가 움직이는 무빙 워크가 잘 갖추어져 있어 크게 불편하진 않았지만 승강기를 타고 오르내리는 건 역시 힘든 일이었다.

 독일에서의 일정을 마치고 나는 남프랑스로 날아갔다. 이곳을 방문한 목적은 관광을 위해서였다. 말로만 듣던 모나코, 몬테카를로, 리용, 칸, 마르세유를 보기 위해서 따뜻한 지중해 연안으로 향했다. 독일에서 비행기를 타고 남프랑스로 내려오자 전혀 다른 분위기가 우리를 기다리고 있었다. 독일이 딱딱하게 굳어 있는 얼굴 표정이라면 프랑스는 미소 짓는 얼굴이었다.

 하지만 프랑스 역시 장애인들에게는 불편한 동네였다. 프랑스 남부 니스 바로 옆에 자리 잡고 있는 작은 나라 모나코의 몬테카를로에도 편의시설은 마련되어 있지 않았다. 물론 승강기가 있기는 했지만 산을 깎아 만든 도시인 모나코는 카지노까지 가기 위해서는 언덕을 올라야 했기 때문에 결국 일행 중 한 사람이 나를 업어서 데리고 가야 했다. 그 뒤 낡은 프랑스 호텔에 묵었는데 장애인을 위한 편의시설이라곤 전혀 없었다. 100년도 넘었다는 호텔은 입구가 계단으로 되어 있어서 또 사람들이 나를 휠체어 채 들고 짐짝처럼 옮기는 일이 벌어졌다. 건물이 오래돼서 그러려니 했다.

하지만 정말 황당했던 것은 마르세유에서였다. 《몽테크리스토 백작》의 배경인 마르세유. 문학을 하는 나로서는 감회어린 곳이 아닐 수 없었다. 항에서 멀지 않은 이프섬이 바로 몽테크리스토가 갇혀 있던 실제 모델이 되는 섬이었다. 그곳에 가려고 항구에서 기다리고 있는데 가이드가 말했다.

"선생님, 이 섬 안으로 들어가면 계단이 너무 많고 다니기가 힘들다는데요."

그 말을 들은 순간 나는 바로 결정을 내렸다.

"그러면 나는 시내 구경이나 할 테니까 다녀들 와요."

결국 나는 10유로의 뱃삯을 돌려받고 마르세유 시내를 관광해야 했다. 오래된 도시여서인지 편의시설 수준은 우리나라만도 못했다. 횡단보도 턱을 없앤다고 낮춰놓긴 했지만 도로를 물청소해야 하기 때문에 횡단보도 턱이 5센티미터 정도 높았다. 물이 인도로 넘어가지 않게 고랑을 만들어 놓은 것이다. 휠체어를 탄 채 고랑에 빠져서 인도로 올라가지 못해 한참을 고생해야 했다.

그리고 더더욱 불편했던 점은 그 화려한 명품 상가에 화장실이 없다는 것이었다. 휠체어를 타고 아무리 돌아다녀 봐도 장애인용 화장실은커녕 일반인용 화장실조차 없었다. 소변을

참을 수밖에 없었다.

선물을 사려고 작은 상가에 들어갔는데 워낙 오래된 건물인
지라 건물 두 개를 합해서 트거나 구조를 변경한 곳이 많았다.
1층 상가로 들어갔는데 옆 건물 상가에 장난감 가게가 보였다.
그리로 가려 했는데 계단이 다섯 개 정도 있었다. 아마 두 건물
을 합치느라 생긴 높이의 차이를 계단으로 메운 모양이었다.
나는 점원에게 저리로 가고 싶은데 어떻게 가면 되느냐, 승강
기나 리프트가 있느냐고 물어보았다. 그랬더니 점원은 나에게
다가오더니 어깨를 으쓱하며 말했다.

"그런 거 없소."

'그러니 네가 알아서 하든지 말든지 하라'는 식이었다.

우리나라 역시 장애인 편의시설이 엉망으로 관리되고 있고
아직 제대로 갖춰지지 않은 건물들도 많다. 그리고 장애인이
거리를 다니면 동물원 원숭이 구경하듯 쳐다보는 일도 종종
있다. 그런 시선 때문에 많은 장애인들이 상처를 입는다.

유럽에서는 나를 그렇게 쳐다보는 사람이 정말 한 명도 없
었다. 각자 자기 일하기 바쁘고 자신들이 하는 일에 몰두해서
인지, 장애인들이 많이 다녀서인지는 모르겠지만 나를 무심하
게 지나치는 점은 정말 좋았다. 하지만 도움을 청했을 때 '네가

알아서 하든지 말든지 하라'는 식의 개인주의적 태도에는 정말이지 정나미가 떨어졌다.

만일 우리나라였으면 어땠을까? 비록 나 같은 장애인이 돌아다니면 그 모습을 힐끔거리거나 혀를 차며 안타까워할지언정, 즉시 휠체어를 들어 나르든, 업어 주든 어떤 방법으로라도 도와주려 애썼을 것이다. 장애인을 동등하게 대하고 차별하지 않고 구경거리 취급하지 않는 유럽이었지만 정작 그들은 내가 원하는 장소로 가는 것을 도와줄 생각은 전혀 없어 보였다.

그것만 보아도 우리나라는 가능성이 보인다. 장애인들을 구경하고 바라보는 것 역시 안됐다는 생각, 측은하다는 생각 때문이지 장애인을 멸시하고 비난하려는 뜻은 아니리라.

우리의 정감 어린 태도와 문화, 약자를 측은히 여기는 마음은 이동권 보장이 되고 장애인들이 모든 시설에 접근할 수 있는 편의시설만 갖추어진다면 정말이지 가장 선진국다운 국민의 감성이리라. 장애인에 대한 차별은 악의적이어서가 아니라 무지해서다. 적절하게 공감할 수 있도록 교육을 통해 인식을 개선하면 그 누구보다 크게 배려하고 사랑할 수 있는 사람들이 우리나라 국민들이라고 믿어 본다.

게다가 장애인을 위한 행정은 또 얼마나 빨리 처리되는가 말이다. 과거엔 시간이 오래 걸렸던 일도 요즘은 불편 처리 신고 앱 하나만으로도 즉각 처리가 가능하다. 민원을 넣으면 당장 공무원이 달려온다. 한번은 길을 가는데 배수구가 막혀 물이 도로에 흥건했다. 휠체어도 지나갈 수 없는 지경이었다. 당장 신고했더니 한 시간 뒤 출동한 공무원이 하수구를 정비한 후 물이 싹 빠진 도로 사진을 보내왔다. 행정시설을 방문하면 장애인을 위한 창구가 따로 마련되어 있다. 줄을 서거나 기다릴 필요가 없다. 이렇듯 IT 기술 발전이 인식 개선과 맞닿아 놀라운 기적을 일으키고 있다.

합창을 잘하려면 옆 사람의 노래를 들으면서 내 목소리를 내야 한다. 모두가 함께 행복한 사회를 만들어나가기 위해 가장 필요한 건 공감 능력이다. 옆 사람은 무엇을 어려워하고 있나, 어떤 아픔이 있나, 이렇게 주변을 살피고 이웃을 헤아리는 공감 능력을 갖춘 사람만이 미래형 인재가 될 수 있다. 국가도 마찬가지다.

무심코 해 주는

격려의 말

초등학교 시절, 훈련을 통해 목발을 짚고 다닐 수 있게 되면서 나는 동네에서 아이들과 함께 뛰어놀 수 있었다. 내가 참여할 수 있는 일은 함께 하고, 할 수 없는 일은 구경만 하면서 말이다.

야구 시합을 할 때는 주로 포수를 보았다. 일어나서 달리거나 뛸 수 없는 포수였지만 공을 받는 일은 어느 정도 할 수 있었기 때문이다. 가끔은 타자도 했다. 목발을 짚은 채 공을 치면 나 대신 다른 아이가 달려가는 식으로 야구 시합에 참여했던 것이다.

축구 시합에도 들어갔다. 옆 동네와 축구 시합을 할 때였다.

우리 동네 리더였던 명배라는 형은 구경만 하고 있는 내가 안쓰러웠는지 시합에 끼워 주었다. 축구 시합에 목발 짚은 녀석이 끼어 같이 뛴다는 게 우스웠지만 형은 말했다.

"야, 공 몰고 오는 놈 방해라도 할 수 있잖아. 그러면 되는 거야."

'방해라도 할 수 있다'는 말에 나는 용기를 내서 축구팀에 합류했지만 목발 짚은 놈이 방해해 봐야 얼마나 하겠는가. 내 쪽으로 오는 걸 보고 쫓아가면 아이들은 더 빠른 속도로 나를 피해 가곤 했다. 그래도 명배 형이 나를 끼워 주어서 축구 시합이란 걸 해 본 경험이 내겐 있다. 지금 생각해 보면 명배 형은 축구를 하고 싶지만 구경만 하고 있던 나의 안타까운 심정을 헤아려 주었던 것 같다.

그렇게 동네에서 신나게 뛰어놀고 개구쟁이처럼 지내던 나는 어느 날 지나가던 월부책 장수(직접 책을 들고 고객을 찾아다니면서 물건을 팔던 사람) 아저씨가 해 준 말에 위안을 얻었던 기억이 있다. 목발 짚고 아이들이 야구 경기 하는 것을 구경만 하고 있는 나를 보곤 그 아저씨는 내게 다가와 말을 건넸다.

"애야, 걱정하지 마라."

"예? 뭘요?"

"네가 컸을 때는 분명 머리만 가지고 먹고 살 수 있는 시절이 온다. 책 많이 읽고 공부만 잘하면 돼."

아저씨는 내 머리를 쓰다듬더니 다시금 들고 있던 책을 짊어지고 저만치 걸어갔다. 아저씨의 하얀 와이셔츠 등이 땀에 푹 절어 있었다. 어쩐 일인지 그때 그 말은 오래오래 내 머릿속에 남았다. '머리만 가지고도 먹고 살 수 있는 날이 온다.' 그게 무슨 뜻일까?

지금 돌이켜보면 과거엔 나 같은 장애인은 먹고사는 게 더 힘들었다. 비장애인도 살기가 어렵던 시절이었으니 당연한 일이었다. 그러니 그 아저씨도 책을 팔러 이집 저집 다니는 힘든 삶을 살다가 장애를 가진 나를 보고 위로의 말을 건넨 것이리라.

'그래 나는 머리를 써서 먹고살아야지. 내가 해야 할 일은 몸으로 하는 일이 아니야.'

그러한 생각이 나를 더욱 열심히 공부하게 했고, 책을 읽게 했고, 이 사회에 적응할 수 있도록 만든 계기가 되었는지도 모른다. 돌이켜 생각해 보면 그 아저씨 말이 맞았다. 작가가 되어 글을 쓰고, 생각을 통해 돈을 벌고, 이 사회에서 이름을 얻을 수 있게 해 준 그 모든 것이 그때 월부책 장수 아저씨가 말한 대로이다. 장애를 가진 아이의 앞으로의 삶을 걱정해 주고 염려해 주는 엽렵한 마음이 이런 결과로 나타난 거다.

어릴 적 들은 격려의 말 한마디는 얼마나 중요한 것인가!

무심코 해 준 한두 마디 격려의 말이 아이의 인생을 좌우할 수도 있다. 그렇게 생각한다면 역으로 '너는 아무것도 할 수 없다'라고 단정 지어 버리거나 불쌍하다는 듯 혀를 차는 행위는 무언가 해 보려는 아이의 용기와 의지를 단번에 꺾는 잔인한 결과를 낳기도 한다.

아무리 화가 나더라도 생각나는 대로, 느낀 그대로 이야기하면 반드시 후회할 일이 생긴다. 그 이유는 말에 힘이 있기 때문이다. 말이 갖고 있는 힘, 그것은 사람을 성공하게도 하고 실패하게도 한다. 길에서 우연히 지나가다 만난 아이일지라도 용기를 북돋아 주는 말 한마디로 그 사람의 삶을 바꿔 놓을 수 있는 것이다.

사람은 격려와 기대 속에서 크는 존재이다. 나는 1급 장애인으로 살아왔지만 우리 부모님은 나에 대한 기대를 한 번도 저버린 적이 없다. 나의 아내와 자식 또한 아빠인 나에 대한 신뢰와 기대감을 버린 적이 한 번도 없다. 그것이 나를 지탱하는 힘이다.

나는 할 수 있고 해야만 한다는 사명감, 그것이 어떤 어려움과 역경이 와도 그 어려움을 헤쳐나갈 수 있는 용기를 준다. 어린 시절 나에게 머리만 가지고도 얼마든지 먹고 살 수 있다고 말해 주었던 그 아저씨는 한 장애아동에게 큰 용기를 주었다는 사실을 아마 모를 테지만 말이다.

오른손이
하는 일을
왼손이
모르게 하라

초등학교에 들어가기 전 나는 재활원에서 1년여를 지낸 적이 있다. 일곱 살, 여덟 살 어린 시절이었지만 그때의 기억이 지금도 생생하다. 재활원은 내 또래 장애인 아이들이 같이 먹고 자고 생활하면서 치료를 받고 훈련해서 사회에 잘 적응할 수 있게 하는 시설이다.

그 당시만 해도 우리나라가 가난할 때라 재활원에 들어오는 장애아들은 대부분 부잣집 아이들이었다. 그곳에서 나는 가난한 축에 속했다. 아이들은 군대 내무반처럼 생긴 곳에서 양옆으로 침대를 놓아 지냈고, 정확하게 아침 6시면 기상하고 저녁 9시면 잠을 자는 규칙적인 생활을 하였다.

그곳의 일정은 아침에 일어나면 세수하고 식사한 뒤 재활원에 딸린 학교에서 공부하고, 점심을 먹은 뒤에 각자 물리치료를 받는다든가 뛰어놀면서 시간을 보냈다. 그리고 저녁때 밥을 먹은 뒤 잠자리에 들었다. 고급 시설이었지만 장애인들끼리 한곳에 모여 생활한 것은 돌이켜 보면 특이한 경험이었다.

그중 아이만 남겨놓고 부모가 도망가 버린 가난한 소아마비 장애아도 있었고, 부모님이 숙박시설을 하는 꽤 부유한 집 딸도 있었다. 몇 년째 그곳에 살면서 사회생활은 전혀 해본 적 없는 누나였다.

처음 그곳에 가서 나는 적응하지 못해 며칠간 어리둥절해했다. 동네에서 매일 아이들하고 치고받고 싸우던 나였기에 사내놈들이랑 쓰던 거친 말을 몇 마디 했더니 난리라도 난 것처럼 모두 호들갑이었다. 그곳에서는 욕을 하거나 거친 행동을 하면 안 된다는 것을 깨달았다.

삼시세끼 나오는 밥과 반찬 다 맛있었고 중간중간 간식도 주었다. 그때만 해도 쉽게 먹을 수 없었던 우유라든가 과자 등이 나온 걸 보면 그곳에 들어가려면 돈을 많이 내야 했으리라 짐작된다. 같은 또래 장애인들이 함께 생활했기 때문에 남의 시선을 의식하거나 나를 다른 사람이 어떻게 볼까 염려할 필요는 없었다. 그래서 무척 맘 편하게 생활할 수 있었다.

그러던 어느 날, 아침부터 재활원을 쓸고 닦고 모두가 바쁘게 움직였다. 아이들이 모두 달라붙어서 재활원을 청소하고 자기 소지품들을 정리하고 나자 점심때부터는 노래하고 춤추는 연습을 하였다. 이런 날이면 으레 그렇듯 피아노를 치는 누나와 노래하거나 춤추는 아이들이 이미 정해져 있었다. 마치 공연을 준비하는 듯했다. 나는 옆에 있던 친구에게 물었다.

"무슨 일 있니?"

"어, 오늘 손님 오시나 봐."

"손님?"

"응. 가끔 손님들이 오셔."

그날 저녁때가 되자 식당 안으로 서양사람 몇 명이 들어왔다. 나는 금발 머리 외국인을 가까이서 보는 게 처음이었다. 뭐라고 인사를 하더니 축사가 끝난 뒤 아이들이 공연을 하기 시작했다. 춤추고 노래를 하자 미국인들이 손뼉을 치고 즐거워했다. 그러고는 가지고 온 선물을 나눠 주었다. 선물은 외제 학용품이어서 고급이었지만 그때 나는 생각했다. 고작 이것 받자고 온종일 난리를 쳤나 하고 말이다. 성경에 보면 오른손이 하는 일을 왼손이 모르게 하라는 말이 있는데, 이건 뭔가 싶었다.

작은 위문품이나 돈 몇 푼 기증하면서 이런 행사를 하는 건 흔히 있는 일이었다. 그날 외에도 이런 야단법석은 가끔 벌어졌다. 텔레비전을 기증한다는 사람이 왔을 때도 그랬고, 후원금을 낸다는 사람이 왔을 때도 그랬다. 어린 우리들은 영문도 모르고 무대에 나가서 춤추고 재주넘기를 하면서 공연이란 걸 했고, 대부분의 아이들은 얌전한 척하며 손님이 갈 때까지 참고 기다려야 했다. 손님이 가고 나면 떠들고 말썽 피운 아이들은 선생님께 야단을 맞고, 그렇게 하루해가 저물곤 했다.

남에게 무언가 도움을 줄 때 생색내는 행동이 얼마나 상대방을 불편하게 하는 것인가를 나는 그때 알게 되었다. 장애인에게 도움을 주는 것은 물론 좋은 일이다. 하지만 도움받는 사람 기분이 마냥 즐겁지만은 않다. 이 세상에서 가장 좋은 것은 남에게 도움받지 않고, 남에게 미안하다거나 아쉬운 소리 하지 않고 사는 것이다. 그것이 자신의 존엄성과 당당함을 지키며 사는 길이다.

남에게 정말 도움을 주고 싶다면 그 사람을 배려하는 마음으로 소리 없이 조용히 줘야 한다.

우리 때는 중고등학교 시절, 단체 기합이라는 게 있었다. 학급 분위기가 안 좋거나 선생님이 아이들에게 경고해야겠다 싶으면 여럿이 함께 기합을 받았다.

한번은 우리 반 녀석 하나가 여자 교생 선생님에게 장난을 치다가 걸렸다. 이걸 목격한 옆 반 선생님이 우리 반 교실로 와서 화가 난 목소리로 외쳤다.

"너희들 모두 5분 내로 운동장으로 집합해!"

아이들은 헐레벌떡 교실에서 튀어 나갔다. 물론 나는 당연히 나갈 수가 없는 형편이었다. 선생님은 나에게 오더니 선심 쓰듯 말했다.

"너는 몸이 불편하니까 교실에 있어."

나는 기합을 받고 싶어도 받을 수가 없었다(물론 기합 받고 싶은 마음이 있을 리 없다). 하지만 같은 반 친구들이 모두 벌을 받는데 그렇게 나 혼자만 면제받는 것도 결코 유쾌한 일은 아니었다. 나에게 몸이 불편하니 넌 교실에 있으라며 선심 쓰듯 말하는 선생님도 섭섭했다. 조금만 신경 썼으면 남아 있어야 하는 나의 심정을 헤아려 줄 수 있었을 텐데 말이다.

이 세상에는 자기가 좋은 일 한다고, 남을 도와준다고 알리고 싶어 안달이 난 사람이 많은 것 같다. 특히 연말이 되면 많은 사람들이 고아원이나 양로원 같은 곳에 가서 선물을 주고 기념식을 한 뒤 사진을 찍어 여기저기 올린다.

받는 사람 기분은 전혀 생각하지 않는 것이다. 정말 좋은 일을 하고 싶으면 소리 없이 누가 주는 것이라고 알리지 않고 주고 올 수는 없을까. 꼭 그렇게 여기저기 홍보하고 생색내야 하는 것일까.

나는 우리 아이들에게 용돈을 줄 때 아무 말 없이 주거나 "용돈 써라"라고 간단하게 말하고 만다. 그리고 미적거리거나 굼뜨게 행동하지 않고 빨리 돈을 건넨다. 용돈을 주면 그 이후에는 받은 사람이 알아서 할 일이다. 거기에 아껴 쓰라든가 용돈 기입장을 쓰라는 말 같은 건 하고 싶지 않다. 장애인들에게 도움을 주면서 생색내는 사람들을 너무나 많이 보아 왔기 때문인지도 모른다.

진정한 사랑의 실천은 말없이 자기 자신을 숨기고 해야 하는 것이다. 누군가를 돕는 봉사도 도움받는 사람 기분을 생각하면서 조용히 이루어진다면 이 세상은 정말 살기 좋은 곳이 되리라 생각한다.

그냥
무턱대고
도와주자

가족들과 잠시 미국에 머물렀을 때 일이다. 대형 서점에 아이들을 데리고 갔는데 딸이 책을 한 권 들고 와서 보여 주며 물었다. 자기가 보기엔 아닌데 이 사진이 정말 한국이냐고⋯. 언뜻 보니《사진으로 보는 세계전쟁》뭐 이런 제목의 책이었다.

6·25전쟁 때 폐허가 된 서울을 배경으로 미군들에게 먹을 것을 달라고 쫓아가는 어린이, 군부대에서 나온 음식물 쓰레기를 넣고 푹푹 끓인 꿀꿀이죽을 먹겠다고 줄지어 선 헐벗고 굶주린 시민들, 엄마를 잃고 길바닥에 앉아 마냥 울고 있는 아이⋯.

나는 그 사진이 바로 우리나라 모습이라고 말하며 고개를 끄덕였다. 전쟁의 고통과 아픔 속에서 민족의 앞날이 불투명했던 그 암흑 같던 시절을 우리는 어느새 잊고 있었다.

동시대를 살았던 대학 은사가 들려준 일화가 생각났다. 미국에서 공부할 때 하숙집 주인 할머니가 한국전쟁 때 불쌍한 전쟁고아들을 위해 자신이 직접 뜨개질을 해서 만든 스웨터 여러 벌과 입던 옷, 돈과 생필품들을 모아 한국으로 보냈다고 한다. 그럼에도 불구하고 한국에서 고맙다는 편지 한 통 받지 못해 섭섭했다는 것이다.

2020년 1월 필리핀 마닐라에서 남쪽으로 약 65킬로미터 떨어진 '따알(Taal)'이란 지역에서 화산이 폭발했다. 매년 수천 명의 관광객이 트래킹과 승마체험 등을 위해 찾는 관광명소로 6,000명이나 되는 관광객이 황급히 대피해야 했다. 이처럼 수많은 재앙이 지구를 수시로 덮치고 있다.

어쩔 수 없이 나는 이런 생각부터 하게 된다. 그런 참사로 인해 또 얼마나 많은 장애인이 발생할 것인가. 약자인 어린이나 노약자, 임산부들은 언제까지 버틸 수 있을까. 왜 재앙은 그렇게 가난한 나라, 불쌍한 사람들에게만 더 잔인하고도 끔찍하게 덮치는 걸까. 이런 생각이 꼬리에 꼬리를 물어 일이 손에 안 잡힐 정도였다.

사람은 누구나 각자 자신만의 짐을 지고 살아가지만, 어떤 사람은 정말로 다른 사람의 도움을 받지 않고는 살 수 없기 때문에 서로

서로 도움을 주어야 한다.

톨스토이도 이렇게 말했다. 지금 이 땅에서의 우리 삶은 결코 녹록지 않은 게 사실이다. 끝이 보이지 않는 경제 불황으로 마음에 봄이 오려면 아직 한참 먼 것 같아 보인다. 거기에 정치적 혼란과 급변하는 국내외 정세까지 더해져 우리네 마음을 더욱 옹색하게 만들고 있다. 게다가 최근 코로나19라는 신종 바이러스까지 전 세계에 퍼지고 있다.

그러나 분명한 사실은 우리가 더는 50년 전의 그 '가난한 나라 코리아'가 아니라는 점이다. 가난에서 벗어나 세계 10위권의 경제 대국이 되었다. 개발도상국들에는 선망의 대상이며, 수많은 이주 노동자들이 우리나라에 와서 코리안 드림을 실현하려 애쓰고 있다.

이제 다른 나라의 도움을 받았던 우리가 십시일반의 정신으로 그들을 도와야 한다. 경제적으로만 잘 사는 나라가 아니라 어려운 이웃을 도울 줄 아는 존경받는 한국을 만들 때이다.

무엇보다도 가난한 나라 국민들의 저 망연자실한 얼굴 표정은 그다지 멀지도 않은 50여 년 전 바로 우리의 얼굴이 아니던가. 세계 최빈국이었던 우리나라가 잘살게 되니 좋은 점도 있다. 우리에겐 별것 아닐 수 있는 작은 도움도 상대적으로 그들에겐 매우 큰 힘이 될 수 있으니 말이다.

오늘 저녁에는 하루아침에 가족을 잃고 병마와 배고픔에 떠
는 그들의 고통을 잠시나마 생각해 보며 아주 작은 도움이라
도 전해야겠다고 마음먹는다. 미국의 어떤 할머니처럼 감사 편
지나 답장 따위 기대하지 말고….

공감도
배우는 것이다

　학교에 강연을 하러 가서 나의 꿈들이 좌절되었던 이야기를 해 주면 학생들 얼굴이 심각해진다. 얼마나 힘들었을까 공감해 주는 것이다.

　"대학원 다닐 때 교수님들은 나에게 한 번도 물어보지 않고 강의 기회를 주지 않았습니다. 장애가 있기 때문이었죠. 저는 당연히 제가 강의를 할 수 있을 줄 알았어요. 하늘이 무너지는 것 같았습니다. 20년 이상 공부한 것이 모두 헛수고가 되었던 것입니다."

　내가 처음 대학에서 강의를 맡지 못했을 때 얼마나 힘들었는지를 심각하게 이야기할 때였다.

"하하하!"

한 학생이 깔깔대고 웃었다. 순간 강연을 듣던 수백 명의 눈빛이 그 학생 얼굴을 바라보았다. 아이들이 자신을 일제히 쏘아보자 그 아이는 오히려 왜 쳐다보는지 모르겠다는 듯한 표정이었다. 학교에서 강연하다 보면 가끔 이런 일들이 발생한다. 웃어야 할 때 웃지 못하고, 울어야 할 때 울지 못하는 아이들이 간혹 있다. 처음에는 이해할 수 없었다.

그런데 나는 이내 깨달았다. 그 아이들이 못된 아이거나 악의가 있기 때문이 아니다. 단지 공감하는 훈련을 받을 기회가 없었기 때문이다. 다른 사람의 슬픈 감정, 기쁜 감정을 함께 느끼는 것을 공감이라고 한다. 사람이라고 해서 모두 저절로 습득할 수 있는 능력이 아니다. 이 또한 훈련이 필요하다.

어린 시절 옆집 할머니가 치매에 걸리셨는데 아는 사람 잔치에 갔다가 며칠째 돌아오시지 않았다. 옆집에서는 난리가 났다. 할머니를 찾기 위해 그 집 가족들이 온 서울 시내를 헤집고 돌아다녔다. 그러던 어느 날 학교에 갔다 돌아오니 옆집에서는 초상집 포장이 너울거리고 있었다. 할머니가 엉뚱한 동네, 낯선 집 지하실에서 얼어 죽어 계셨다는 것이다. 치매 노인을 제대로 돌보지 못한 탓이었다.

장례식 날 영구차가 와서 운구해 가는데 동네 사람들이 모두 나와서 문상을 했다. 우리 어머니도 나가서 발인 과정을 지켜보는데 하염없이 눈물을 찍어 내시는 것이었다. 우리 할머니도 아닌데다 우리는 이사 온 지 얼마 되지도 않았는데 어머니는 낯선 옆집 할머니의 죽음을 함께 슬퍼했다. 그걸 본 우리 형제들은 한 가지를 배웠다. 남의 슬픔일지라도 나의 슬픔처럼 공감해 주어야 한다는 사실을. 어머니가 우리에게 일부러 가르치려 한 것은 아니지만 이런 공감 능력은 어린 시절부터 부모와 형제와 친척과 친지들과 함께 어울려 살면서 자연스럽게 배워야 한다. 학교에서 배우는 교육만이 전부가 아니다.

우리 아버지는 군인이셨기에 퇴근 시간이 늘 정확했다. 아버지가 대문을 열고 마당으로 들어오면 우리들은 일제히 하던 일을 멈추고 달려 나가 아버지에게 인사했다.

"안녕히 다녀오셨습니까?"

그러면서 우리는 자연스럽게 아버지의 손으로 시선이 갔다. 손이 비어 있으면 우리들은 실망했다. 아버지는 가끔 뭔가를 사 들고 오셨다. 과자를 사 오시기도 했고, 야구 배트를 들고 오시기도 했다. 한번은 나에게 기타를 사다 주신 적도 있다. 아버지의 손은 하루 종일 뭔가를 기대하고 있는 아이들에게 공감해 주는, 선물을 들고 오는 마법의 도구였다. 하루는 아버지가 커다란 뻥튀기 과자 부대를 들고 오셨다. 나는 그 과자를 어디서 파는지 알고 있었다. 동네 어귀에 있는 시장에서 사 오신 거다.

"아버지. 웬 뻥튀기에요?"

"너희들 빈손으로 오면 실망하지 않니? 그래서 너희 먹으라고 사 왔다."

커다란 부대에 들어 있는 뻥튀기를 우리는 몇 날 며칠 동안 먹었다. 늘 간식이 필요했던 성장기의 우리들 마음에 공감해 준 아버지 덕분에 나도 집에 들어갈 때면 뭐라도 사 들고 가려 애쓴다. 물론 그럴 때 제일 기분이 좋다.

인간이 살면서 배워야 할 것들은 무수히 많다. 학교에서 배우는 지식은 오히려 일부에 속한다. 공감 능력을 배우는 건 중요하다.

초등학교 때 일이다. 야무진 여동생은 친구도 많고 학교에서 반장도 하고 있었다. 어느 날 동생이 말없이 대문 밖으로 나갔는데 뒷골목이 시끄러웠다. 창밖으로 내다보니 같은 반 여자아이들 몇 명이 와서 여동생을 닦아 세우고 있었다.

"재수 없게 잘난 척하지 마."

"너 남자애들한테 잘 보이려고 그러는 거지?"

여동생은 그 아이들의 힐난과 타박에 아무 대꾸도 하지 못한 채 벌벌 떨고 있었다. 나는 어떻게 해야 할지 몰라 우리 집에서 같이 사는 사촌 누나에게 말했다.

"누나, 인숙이가 바깥에서 친구들한테 당하고 있어."

누나는 창밖을 내다보더니 바로 사태를 파악했다. 고무신을 거꾸로 신을 정도로 황급히 달려 나간 누나는 골목이 떠나가라 소리쳤다.

"못된 계집애들 같으니라고! 어서 저리 안 가!"

여자애들은 모두 놀라 도망쳤다. 누나의 큰 목소리와 덩치에 놀랐던 것이다. 누나가 데리고 들어온 여동생 얼굴은 하얗게 질려 있었다.

얼마 전 일흔 살 가까이 된 누나를 만나 그때 일을 기억하느냐고 물었다.

"그럼, 기집애들이 얼마나 못됐는지 인숙이 괴롭혔던 거 기억하지. 학교 다닐 때 나한테도 못되게 군 애들이 얼마나 많았는데."

그때 나는 또 한 번 배웠다. 곤경에 처한 사람을 보았을 때 내가 그 상황에 처했다고 생각하고 나서서 목소리를 높여 줄 수 있는 것. 이런 공감 능력은 학교와 학원 수업이나 인터넷 강의 등에서는 배울 수 없다. 생활 속에서, 주변 사람들에게서 가랑비에 옷 젖듯 조금씩 본받아야 하는 지혜다. 공부도 벅찬데 정말 왜 이리 배울 게 많으냐고 하소연할지도 모르지만, 남을 나처럼 생각하다 보면 자동으로 익힐 수 있는 감정이다. 공감 능력 경험이 많아질수록 우리 사회는 훈훈한 세상이 될 것이다.

감동받을
준비 되셨나요?

"작가님 원고를 제가 좀 읽어 보겠습니다."

팟캐스트 진행자인 젊은 소설가는 내 책의 '십자가 선물' 대목을 읽었다. 사람에게는 누구나 제 몫의 십자가가 있고 그것을 거부하지 말고 살아야 한다는 내용이었다. 나의 대표작《아주 특별한 우리 형》을 가지고 팟캐스트 녹음을 할 때였다. 그런데 진행자는 책을 읽다가 갑자기 울컥해서 목소리가 젖었다.

"아 죄송합니다. 내용이 너무 감동적이네요."

소설가인 후배가 울컥할 정도였다니 오히려 내가 더 감동이었다.

사람들은 내 작품이 독자들의 가슴을 울컥하게 만든다고 한다. 그건 내게 그런 재주가 있어서, 혹은 의지가 있다고 할 수 있는 게 아니다. 그들이 내 작품에 빠져들 준비가 되어 있기에 가능한 것이다. 그들이 내가 쓴 이야기에 감동받을 준비를 하고 있는 좋은 독자들이기 때문이다.

물론 나 역시 글을 쓸 때 작품 속에 깊게 몰입한다. 주인공이 처한 상황이나 감정 속에 깊이 빠져든다.

《가방 들어주는 아이》같은 경우 우리 아이들이 어렸을 적에 옛날이야기를 해달라고 해서 내 어렸을 때 얘기를 해주다 아이디어를 얻은 작품이다. 이야기를 해 주는 동안 아이들은 잠이 들었지만 나는 스토리에 몰입해 감정이 격해졌다. 어린 시절 그때로 되돌아간 것만 같았기 때문이다.

동화를 쓸 때 나는 주인공에게 깊이 집중한다. 작가는 주인공을 최대한 코너로 몰기도 하고, 구렁텅이에 빠뜨리기도 한다. 삶이 혹독하다는 것을 작품을 통해 보여 주기 위해서다. 그러다 보면 내가 만들어 낸 주인공들이 너무나 불쌍할 때도 있고, 그들의 절규가 너무나 애절해서 눈물을 흘리기도 한다. 모르는 사람이 볼 땐 컴퓨터 앞에서 자판을 두들기면서 눈물 흘리는 제정신이 아닌 사람으로 여겨질 것이다.

그렇게 징징 울면서 쓰는 작품이야말로 내겐 정말 소중한 것이 된다. 작가 스스로를 설득시키고 감동시키지 못하는 작품이 어떻게 독자를 울리겠는가.

되돌아보면 울면서 쓴 작품들은 대부분 좋은 반응을 얻었다. 그래서 울면서도 한편으로는 기뻐한다. 이야기를 만드는 내가 이렇게 슬픈데, 독자들은 얼마나 슬퍼할까 생각하며 희열을 느끼곤 한다.

공감 능력은 우리 인간을 발전시킬 수 있는 가능성이다.

회사 사장이 노동자들의 삶에 공감하고, 리더가 자기 조직원들에게 공감하고, 작가가 독자들에게 공감하고, 선생님이 학생들에게 공감한다면 세상에 무엇이 문제겠는가. 서로를 이해할 수 있는 마음의 여유가 생기고, 내 것을 나눠줄 수 있는 사랑이 생기며, 작은 희생이나 불편함도 충분히 감수할 수 있는 따스함이 마음속에 생겨난다. 요즘은 그런 공감 능력이 떨어지다 보니 세상이 건조해지고 삭막해졌다. 내 앞가림 하기에만 급급하고 남의 입장을 헤아릴 줄 모르게 된다.

물론 나부터 잘살고 봐야 한다지만 언제까지 나만 생각하며 살아갈 것인가. 그리고 내 삶이 언제나 내가 바라는 대로 진행되리라는 법도 없다. 나에게도 언제고 힘들고 어려운 일이 닥칠 수 있으며, 괴로워서 남에게 손을 내밀어야 할 때도 있을 것이다. 그때 누구 하나 공감해 주지 않고 내 손을 잡아 주지 않으면 어떻겠는가. 그때 가서 후회해도 소용없다. 공감 능력은

리더십을 위한 필수 소양이다. 공감할 줄 아는 자만이 세상을
바른 모습으로 이끌 수 있다.

어느 동화인들
나눔과
사랑이 없으랴

경제가 그 어느 때보다도 어렵다고들 한다. 정치와 국제 정세도 힘들고 빡빡하게 돌아간다. 인간의 역사에서 언제 과도기나 고난이 없던 적이 있었을까마는 이런 때일수록 우리 아래 세대만이라도 때 묻지 않고 세상의 고단함을 겪지 않게 해 주고 싶은 것이 어른들의 마음이리라.

그러려면 아이들의 마음에 남을 사랑하고 이해하면서 아끼고, 가진 것을 나눌 수 있는 소양을 심어 줘야 하는데 그런 방법 가운데 가장 좋은 것이 독서일 것이다. 다행히 어린이 책은 그러한 주제들로 가득 차서 안도의 한숨을 내쉬게 한다. 오늘 아이들 손을 잡고 서점으로 나가 이 책 저 책 읽히고 한두 권

사가지고 오는 것은 어떨까. 그래서 좋은 책 몇 권을 소개해 볼까 한다.

《아멜리아 할머니의 정원》은 이웃 간의 보이지 않는 장벽을 허물고 함께 잘 지낸다는 이야기다. 샘손 거리에 사는 아멜리아 할머니는 혼자 지내며 닭을 기르고 정원을 가꾼다. 그렇지만 이웃과 왕래가 전혀 없다. 이때 거대한 폭풍이 불어와 할머니의 모든 것을 날려버리자 이웃 사람들이 나서서 복구를 거들어 준다. 이를 계기로 할머니네 집은 담장을 허문다. 그 후 이웃 사람들은 할머니의 정원에서 농사도 짓고 그네도 타며 함께 즐거움을 나눈다는 이야기이다.

짧은 분량의 그림책이지만 도시화 되어 가는 사회의 문제점과 세대 간의 격차도 아울러 그리고 있다. 할머니네 집 부근에 사는 이웃은 할머니에게 접근할 통로가 차단되어 있다. 토니는 고향 이탈리아의 전원을 그리워하고, 아드리안은 텃밭을 가꾸고 싶어 하고, 마티노비치네 아이들은 정원에 타이어 그네를 매달고 싶어 하지만 어느 누구도 할머니에게 먼저 말을 걸지 못한다. 작가는 이를 수줍어하기 때문이라고 한다. 하지만 실상은 도시 문명으로 인한 익명성과 단절 때문이다. 그런 면에서 본다면 자연의 힘은 위대하다. 폭풍이 몰려와 단 한 번에 온 마을 사람들이 하나가 되게 해 주었으니 말이다.

《몽당연필이 된 마더 테레사》는 사랑을 온몸으로 실천한 테레사 수녀 이야기다. 어려서 수녀가 되기로 결심한 아네스는 수녀원에 들어간 뒤 인도에 가서 수녀원 부설 학교 교장이 된다. 그러나 이내 자신의 삶은 가난한 자들을 위해 봉사하고, 그들과 함께해야 하는 것임을 깨닫는다. 그 방식은 기존의 교회나 자선단체가 하던 일과는 달랐다. 바로 자기 자신이 가난해짐으로써 그들과 같아지는, 전혀 새로운 방식이었다. 모든 기득권을 포기하고 가난한 자들을 섬기고 그들과 같아지려는 노력, 그것이야말로 가난한 이웃을 내려다보지 않고 같은 눈높이에서 동등하게 대하려는 첫걸음이기 때문이다.

노벨상의 부상으로 받은 많은 상금과 축하 파티 비용까지 가난한 이들을 위해 쓴 테레사 수녀의 마음이 큰 감동으로 다가온다. "도움이 필요한 사람들을 내치지 않고 지극한 정성으로 돌보는 일이야말로 가장 아름다운 우리의 의무임을 깨닫게 해 준다"는 이해인 수녀의 추천사가 이 책의 의미를 함축하고 있다.

《북두칠성을 따라간 지하철도》는 북두칠성을 따라 자유의 땅 캐나다로 도망가려는 미국 흑인 노예들을 도와주는 내용이다. 장난꾸러기 토미는 우연히 자기 집 건초 더미에 도망친 흑인 노예가 숨어 있다는 것을 알게 된다. 그들이 자유를 얻을 수 있게 도와주는 조직이 지하철도인데 아빠가 바로 그 조직원이었던 것이다. 토미는 아빠와 함께 이들을 밤에 몰래 도망시키려다 보안관에게 걸리지만 기지를 발휘해 흑인 노예 가족을 자유롭게 해 줄 수 있게 된다.

당시 미국에서 백인이 흑인 노예를 도와준다는 것은 국가의 근간을 흔드는 엄청난 일이었다. 그렇기에 그 죄 또한 무척 엄중했다. 하지만 양심적인 백인들은 흑인을 짐승이 아닌 인간으로 보는 휴머니즘적 도리를 택했다. 생명의 소중함과 인간 평등, 그것은 스스로 자신의 기득권과 권리를 내려놓고 타인과 그 권리와 권력을 공유하려는 마음 없이는 결코 이룰 수 없는 것이기도 하다.

《우동 한 그릇》은 매우 유명한 작품이다. 유명한 만큼 다시 읽어도 매번 눈물이 흐르는 감동을 느낄 수 있다. 해마다 섣달그믐이면 삿포로 우동 집을 찾는 가난한 가족 이야기가 사랑스럽게 그려지고 있기 때문이다.

내가 이 책에 더 주목하는 것은 사랑을 베풀더라도 상대방을 배려하는 마음이 있기 때문이다. 우동집 주인은 그들에게 1인분 가격만 받고 우동 3인분을 줄 수도 있었다. 그러나 그것은 받는 이를 부담스럽게 하는 행동이기에 주인은 그저 우동을 하나 반 끓여 내놓을 뿐이다. 진정으로 남을 위해 사랑을 베풀고 도움을 주려는 사람은 도움 받는 사람의 마음까지도 헤아려야 함을 이 작품은 말해 주고 있다.

고전적인 작품도 두 편 소개할까 한다. 우리나라 작품으로는 《저 하늘에도 슬픔이》가 있다. 어렸을 때 읽고 감동받았던 이 작품은 어른이 되어 다시 읽어도 그 슬픔이 여전하다. 작가인 이윤복은 그렇게 고생하면서 살더니 1990년 마흔의 나이로 세상을 떠났다.

우리가 너무나 가난했던 시절 윤복이는 주린 배를 부여잡고 때로는 껌팔이, 때로는 동냥으로 삶을 연명했다. 아빠는 무능하고, 엄마는 집을 나가고, 동생까지 식모살이하러 가 버린 이 이야기를 읽다 보면 어떻게 이렇게까지 가난할 수가 있단 말인가 하는 생각이 들지만 그건 엄연한 사실이었다. 나 역시 어린 시절 감자로 끼니를 때운 적이 여러 날 있을 정도였으니 말이다.

하지만 가난한 가운데서도 윤복이는 희망을 잃지 않고 살 수 있었다. 주위의 친구들과 이웃, 그리고 선생님이 그런 윤복이에게 늘 희망과 용기를 주었기 때문이다. 학교도 못 가고 길거리에서 껌을 파는 윤복이의 껌을 사주는 친구, 염소를 끌고 다니며 풀 먹이라고 일거리를 주는 동네 아저씨, 윤복이에게 자기 도시락을 내어 주는 담임선생님. 사람들이 있기에 윤복이는 가난과 어려움 속에서도 올바르게 자랄 수 있었다. 이런 가난 속에서 하루도 빠지지 않고 쓴 일기는 그 자체만으로도 우리의 가난했던 시절의 역사이고 이웃의 고통을 외면하지 않는 사랑의 기록이다.

찰스 디킨스의 《크리스마스 캐럴》은 너무나 유명한 작품이지만 처음부터 끝까지 작품을 꼼꼼히 읽어 본 사람은 그다지 많지 않다. 나도 어릴 때 축약된 작품을 교과서에서 읽었던 기억이 어렴풋하게 떠오른다. 이 작품의 내용은 간단하다. 수전노 스크루지는 크리스마스 전날 밤 유령들과 함께 자신의 과거와 현재 미래를 마주한다는 내용이다. 하지만 이 작품이 주는 유쾌함은 바로 주인공이 크리스마스 날 아침에 완전히 새사람이 돼서 하는 행동들이다. 그는 조카의 집에 찾아가 가족의 사랑을 듬뿍 느끼고, 그동안 그가 무시하고 천대했던 이웃들에게 못다 한 사랑을 듬뿍 베푼다.

무엇보다 중요한 것은 자기 자신의 삶이 변했다는 것이다. 마침내 스크루지는 크리스마스를 어떻게 보내야 하는지 깨닫게 된다. 바로 이웃과 더불어 사랑을 나누며, 그들의 아픔과 고통을 어루만지며 보내야 진정으로 행복한 크리스마스인 것이다. 돈은 그래서 모으는 것이고, 불우한 이웃을 돕는 데 사용해야 한다.

'이웃과 더불어 사는 삶'의 중요함은 내가 그들과 함께 어우러져 살아갈 때 비로소 삶의 기쁨을 느낄 수 있기 때문이다. 사회적 동물인 인간은 혼자만의 힘으로는 살 수 없다. 이웃을 소중히 여기며 함께 나누는 삶을 사는 것은 크게 보면 나 자신을 사랑하는 것이기도 하다.

이웃과 함께 사랑을 나누는 마음이 고이 지켜졌으면 한다. 특히 어린이와 청소년들의 마음속에 그런 사랑이 싹트고 그 불씨가 꺼지지 않았으면 좋겠다. 비록 삭막한 세상을 만드는 어른들과 함께 살고 있지만 아이들이야말로 우리의 미래이기 때문이다.

자기희생이라는
아름다운 일

"고 사장, 이번 동창회에 우리 기수가 큰 도움을 줘야 할 것 같아. 한 100만 원만 보내 주게."

내 전화에 우리나라 굴지의 S 전자 사장인 동창생은 흔쾌히 말했다.

"알았어. 송금해 줄게."

나는 고등학교 3학년 때 우리 반이었던 친구들의 반창회 모임 총무를 맡고 있다. 당시에는 60명이 한 반이었는데 졸업한 후에도 우리는 꾸준히 만남을 지속하고 있다. 나는 그 모임을 이끌게 되었고, 지금까지 30년 넘게 친구들을 만나고 연락을 하고 있다. 남들은 대단한 일이라고들 한다.

친구 중에는 회사 사장도 있고, 유명한 의사, 교수, 예술가, 그리고 나 같은 작가도 있다. 이런 친구들과 가끔 만나는데 그럴 때면 고등학교 때로 돌아간 듯한 기분이 든다. 정말 즐겁고 행복한 일이다.

한번은 고교 총 동창회를 할 때 내가 추진위원장이 된 적이 있다. 가장 바쁜 내가 임무를 맡아 친구들에게 후원금을 보내달라고 전화를 걸어 부탁했다. 친구들은 흔쾌히 도와주었다. 그 결과 우리 반에서 모은 금액이 나머지 14개 반에서 모은 금액보다 훨씬 많았다.

물론 나도 솔선수범했다. 사람이 어떤 일을 추진하려면 자기희생이 있어야 한다. 누군가의 희생과 헌신 없이는 모임이 이루어지거나 행사가 추진될 수 없다. '누군가 하겠지' 하는 마음으로 가만히 있으면서 남들이 알아서 해 주기만을 바라면 그 행사는 절대 이루어지지 않는다.

악명 높은 아우슈비츠 수용소에서 독일군이 유대인 한 명을 죽이려 했다. 그 유대인은 가장이었다. 그가 죽으면 가족은 살아갈 길이 막막해지는 상황이었다. 그때 나선 사람이 있었다.

"그 사람은 가장이니 살려주시오. 대신 내가 죽겠소."

그렇게 해서 대신 죽은 사람이 그 유명한 콜베 신부다. 자기는 가족이 없기 때문에 아이 아버지 대신 죽겠다고 나선 것이다. 수백만 명이 죽었다는 아우슈비츠에서도 보기 드문 이 이야기는 자기희생과 종교인의 참된 희생정신을 보여 준 사례다.

　나는 아우슈비츠에서 이런 일들이 많이 있은 줄 알았다. 하지만 남을 대신해 죽은 사람은 콜베 신부 단 한 사람뿐이었다.

　자기희생과 헌신은 어려운 것이다.

　사람을 좋아하고 나서서 일을 꾸미기 좋아하는 나는 자기희생을 해야 하는 경우가 많다. 나는 1년에 두 번씩 해외로 문학기행을 가곤 한다. 동료 문인들과 지인들, 혹은 글쓰기 제자들과 함께 가까운 동남아시아나 중국 등을 다녀오는 것이다. 그 이유는 첫째 내가 여행을 좋아하고 사람들과 함께 새로운 문화를 체험하는 것을 즐기는 때문이다. 매일 일만 하면 무슨 재민가. 넓은 세상도 구경하고 보고 듣고 배우는 것이 좋지 않겠는가.

　하지만 이런 여행을 추진하려면 일행들에게서 여권도 받아야 하고 비행기 표도 예매해야 하며 호텔도 예약해야 한다. 참 번거로운 일이다. 그렇지만 나는 기꺼이 한다.

　나와 함께 여행을 다니는 K 시인은 여행할 때마다 쓸 현수막을 자기 돈으로 만들어서 가지고 온다. 그 마음이 참 고맙다. 여행사를 찾아가서 예약하고 돈을 지불하고 연락하는 일도 그가 함께해 준다. 물론 요즘은 여행 앱이 생겨서 핸드폰으로 모든 것을 스스로 할 수 있어 그나마 편리하다.

이렇게 힘들게 여행 준비를 해서 가면 구성원들은 매우 즐거워하며 함께 좋은 추억을 쌓는다. 그중엔 가끔 마치 나나 K 시인이 가이드인 줄로 착각하고 불만을 이야기하거나 자기주장만 하는 사람도 있긴 하다. 휠체어를 탄 나는 갈 수 없는 화산지대를 가자거나, 바닷가에 가서 수영을 하자고 제안하기도 한다. 그러면 자유롭게 다녀오라고 권해도 혼자 가기가 두려운지 전부 같이 가야 한다며 고집을 부린다. 그러면서도 여행을 추진하느라 수고했다고 마음 쓰는 것 같진 않다. 물론 그런 것을 바라고 하는 일은 아니지만 최소한 수고와 헌신에 대해서는 고맙게 여길 줄 알아야 한다고 생각한다.

동창회가 끝나자 친구들은 내게 물었다.

"고 작가, 가장 바쁜 자네가 왜 추진위원장을 맡아서 했나?"

그때 나는 대답했다. 내가 학교에 다닐 수 있었던 건 수많은 친구들이 도와주고 업어 주고 가방을 들어 주었기 때문이라고. 그 모든 친구들의 배려 덕분에 내가 학교에 다녔고, 오늘날의 내가 있을 수 있게 되었다고 말이다. 처음에는 그들의 작은 헌신과 희생이 있었고 이젠 내가 보상을 할 차례인 거다. 매우 멋지고 흐뭇한 관계이지 않은가!

좀 멋진 사람이 되자. 귀찮고, 힘들고, 어렵고, 하기 싫은 일이 있다면 내가 먼저 나서 보자.

눈은 게을러도 손은 부지런하다

예전에 텔레비전에서 노동 현장을 찾아가 체험하는 프로그램을 본 적이 있는데 연예인들이 노동을 직접 체험하기 위해 복분자 따는 작업장에 간 것이다. 연예인들은 할머니들께 복분자 따는 법을 간단히 배운 뒤 실전에 들어갔다. 작은 복분자를 상하지 않게 따서 자루에 담는 일이 그날의 미션이었다.

출연한 연예인들은 복분자를 하나씩 따서 자루에 집어넣는데 할머니 한 분은 양손으로 따서 번개 같은 속도로 금세 큰 자루를 가득 채우는 것이 아닌가. 요령을 물어보니 할머니는 이렇게 말했다.

"손이 복분자를 딸 동안 눈이 먼저 다음에 딸 복분자에 가 있어야 돼. 손은 눈을 따라가는 거야."

그렇다. 눈은 손쉽게 무엇이든 볼 수 있지만 손은 근육을 움직여 따라가게 마련이다. 이런 경지에 이르려면 오랜 시간 숙달되어야 한다. 집중하여 자신이 하는 일에 몰두할 때 비로소 성과가 나는 법이다.

이와 비슷한 이야기는 또 있다. 장자가 어느 날 매미를 잡는데 물건 줍듯이 쉽게 잡는 척수 장애인에게 물었다.

"당신은 어떻게 그렇게 매미를 쉽게 잡소?"

"매미에게 집중해야 합니다. 내 팔이 고목과 같고 몸은 나뭇등걸과 같지만 그 순간만은 천하 만물을 매미 날개와 바꾸지 않겠다는 마음으로 가장 소중한 것을 잡는다고 생각하는 것입니다."

이처럼 어떤 경지에 오른 사람들은 초인적인 집중력을 가지고 물아일체의 경지에 이른다. 대개 사람들은 빠르게 성과를 내려고 한다. 그러나 그러한 성과는 오랜 시간의 수련, 숙달과 성실함이 담보되지 않으면 얻을 수 없다.

매일매일 꾸준히 오래 하는 것을 당해 낼 재간은 없다.

난 오랫동안 꾸준히 듬직하게 한 가지만 파는 일에 원래 소

103

질이 없다. 호기심이 많고 산만한 성격의 소유자기 때문이다. 그래서 시험공부를 할 때 다른 친구들은 하루고 이틀이고 한 과목을 완전히 떼고 난 후 그다음 과목에 집중하지만 나는 그게 잘 되질 않았다. 두 시간 정도 공부하면 집중력도 떨어지고 그 과목에 싫증도 나기 때문이다. 그래서 나는 하루에 여러 과목을 조금씩 나눠서 공부하는 것이 체질에 맞았다.

그 체질은 지금까지도 이어지고 있다. 작품을 쓸 때 한 작품을 마무리하고 다음 작품으로 넘어가는 것이 아니라 동시에 여러 작품을 쓴다. 결과적으로는 그것이 다작의 비결이 되었다. A라는 작품을 구상하면서 동시에 다른 작품 B를 쓰고, 또 잠시 후에는 C라는 작품을 수정하는 정신없는 삶을 사는 것이다.

눈은 게으르지만 손은 빠르고 정직한 법이다. 오래전에 어린이를 위한 국어사전을 만화로 발간하자는 제안을 받았다. 국어사전에서 단어를 골라 뜻과 의미를 설명한 후, 그에 맞는 만화로 단어의 쓰임을 예문으로 알려주는 것이다. 책 한 페이지에 네 개의 단어가 들어가는 형태였다.

이런 것을 약 200페이지짜리 책으로 만들려고 하니 단어만도 800개가 넘었다. 방대한 작업이었다. 질릴 만한 작업량이었지만 나는 새로운 전략을 썼다. 싫증 나기 전에 관두는 전략이다. 하루에 딱 두 페이지씩만 작업하기로 마음먹었다. 여덟 개의 단어를 골라 그림을 그려서 싫증이 나기 전에 작업을 완료

하는 것이다.

진도는 느렸지만 일 같지 않은 일이라고 생각하며 조금씩 가랑비에 옷 젖듯 작업했다. 그러자 어느 순간 원고가 완성됐다. 그것만 붙잡고 며칠 내로 하겠다고 했으면 절대 끝낼 수 없는 일이었다. 매일 조금씩 했기 때문에 시나브로 마칠 수 있었다. 단련된 손은 부지런하다. 성실함이라는 것은 지치지 않는 법이다. 꾸준히 오래 손을 움직이는 것이 비결이다.

개근상을 받은 학생들은 몸이 아프고 게으름을 피우고 싶어도 자기 다리가 학교로 걸어가게 만드는 사람이다. 정시에 도착하기 위해 바로바로 움직임을 만들어 내는 것이다. 그렇게 성실함이 나의 유전자에 아로새겨지도록 해야 한다.

반장이
되고 싶었던
아이

연세대학교 신문방송학과를 졸업한 김대훈이라는 잘생긴 학생이 있다. 그는 어려서부터 하지를 못 쓰는 중증 지체 장애인이다. 늘 휠체어를 타고 생활하는데도 얼굴은 강인하며 남자답게 생긴 씩씩한 청년이다. 어느 날 나는 우연히 그가 휠체어를 타고 유럽을 일주하면서 장애인 문제를 다시 한번 생각하게 됐다는 인터뷰를 읽었다.

그는 초등학교 때부터 학급회장을 했으며 아이들에게 인기가 좋았다고 한다. 그걸 본 순간 나는 내 어릴 적 모습이 떠올랐다. 내가 초등학교에 다니던 시절에도 반장은 한 반에 단 한 명뿐이었다. 대개는 공부 잘하고 똑똑한 아이들이 선생님의 지명이나 선거를 거쳐 반장으로 뽑혔다. 1학년 때는 반장 없이 선생님이 반을 이끌었지만 2학년 때부터는 반장 선거를 해서 학급의 리더를 뽑곤 했다.

2학년 때 우리 반에서 가장 공부 잘하는 아이는 나였다. 그때 우리 반 반장을 맡은 여자아이 상희는 나보다 조금 공부를 못했다. 그 애는 자기가 반장임에도 불구하고 성적은 나보다 못하다는 사실이 늘 자존심 상한 듯했다.

3학년이 되면서 나는 부쩍 반장이 하고 싶어졌다. 하지만 반장은 선생님 심부름이나 잡일을 도맡아 해야 해서, 당시 선생님들은 나 같은 장애아에게 반장을 맡기지 않았다. 나는 내가 반장이 될 수 없다는 사실을 너무나 일찍 깨달았다. 하지만 문제는, 그러함에도 불구하고 내가 반장을 무척 하고 싶었다는 데 있었다. 그리고 나 스스로도 반장할 자격이 충분하다고 여겼으니 마음의 번민이 쉽게 가시지 않았다.

어느 날 우리 반에 옆 반 선생님이 놀러 오셨다. 아이들은 조용히 공부하고 있었고 옆 반 선생님과 담임선생님의 대화 소리가 나에게까지 들렸다.

"이 반은 반장 뽑았어요?"

"아니 아직요."

"왜? 반장 빨리 뽑아야 하잖아요."

"글쎄, 반장할 만한 애가 하나 있긴 한데 몸이 불편해서요."

선생님의 그 말은 나를 지칭하는 것이었다. 공부 능력은 되지만 신체 능력이 부족하기 때문에 할 수 없음을 더 명확하게 알게 되었다. 지금 같았더라면 장애가 있지만 반장 시켜달라고 당당하게 말했을지도 모른다. 하지만 그때만 해도 어리고 상처 입기 쉬운 때라 '선생님은 마음속으로는 나를 반장감이라고 인정하시는구나!' 하는 생각만으로도 만족해야 했다.

결국 3학년 때 반장도 2학년 때 반장을 했던 상희가 이어서 했다. 하지만 상희는 항상 나 때문에 주눅 들어 있었다. 이유는 단 하나, 내가 공부를 더 잘했기 때문이었다. 실제로 나는 실질적인 반장 노릇을 했다. 선생님이 교실을 비울 때면 앞에 나가서 옛날이야기를 해 주면서 아이들을 조용히 시켰다.

예나 지금이나 어린이들이 옛날이야기에 빠져드는 건 변함이 없나 보다. 내가 읽었던 동화책 스토리를 재미있게 풀어 주면 아이들은 조용해졌고, 선생님은 교실을 나에게 맡긴 채 마음 놓고 교무실에 다녀오실 수 있었다. 나중엔 내가 옛날이야기를 잘한다는 소문이 쫙 퍼져서 다른 반에까지 원정 가서 재미난 이야기를 해 주곤 했다.

중학교와 고등학교도 이렇게 보내고 내가 진짜 반장이 된 것은 대학교 3학년 때 일이다. 처음으로 과대표가 돼 20명의 국문과 학생들을 이끌었는데, 당시 나는 의욕이 너무 앞서는 과대표였다. 다 같이 1박 2일로 수련회를 가기로 했는데, 나는 모든 학생이 전원 참여해야 한다고 생각했다. 서로 친목을 높이고 단합하기 위해서는 반드시 모두가 함께 해야 한다고 굳게 믿었던 터였다.

나는 한 명도 빠짐없이 다 가야 한다고 주장했다. 여학생들 몇몇이 가고 싶지 않다고 발을 빼자 처음에는 좋게 설득하려 애썼다. 그런데 점점 안 가겠다는 사람이 늘자 나중에는 화까지 내면서 수련회에 꼭 참석하라고 신경질을 부렸다. 나를 위해서가 아니라 우리 과 전체를 위해서라고 강요했던 것이다.

결국 수련회는 두세 명 빼고 우리 과 학생 전원이 참석했다. 결과는 훌륭했지만 그 과정은 좋지 않았다. 그 이유는 무엇일까? 만일 내가 초등학교 때부터 반장 노릇을 하면서 아이들이 말을 잘 듣지 않거나 각자 따로 노는 것을 부드럽게 아우르면서 통솔한 경험이 있었다면 대학교 때 그렇게까지 흥분하거나 화내는 일은 없었을 것이다. 나에게 리더십은 있었지만 경험이 없었던 것이다.

리더십은 목표를 향해 이끌고 가는 마음이다.

리더십에는 몇 가지 덕목이 필요하다. 미리 계획하는 습관과 끝없는 자기 각성이다. 목표를 이루려면 계획을 세워야 하고 게을러지려 할 때마다 스스로 각성해야 한다. 이런 리더십을 가진 사람이 삶을 태만하게 살 리 없다. 남을 이끌기 전에 자기 자신부터 이끌어야 한다. 자기 자신부터 제대로 세운 후에 비로소 다른 사람들을 리드해야 하는 것이다. 흔히들 리더는 그 그룹 내에서 가장 똑똑한 사람을 뽑는 길로 알고 있다. 하지만 진정한 리더는 그런 사람이 아니다. 개인이 아니라 자신이 속한 그룹을 1등으로 만드는 사람이 진정한 리더다.

나는 진정한 리더가 아니었다. 그룹에서 1등도 아니었지만 주위 사람들을 잘 이끌지도 못했다. 내 생각만 옳다고 여기고 밀어붙이면서 따라오지 않는 사람들을 원망했다. 그 일 덕분에 나는 많은 깨달음을 얻었다. 사람들을 이끌고 통솔한다는 것은 쉬운 일이 아니고 억지로 한다고 되는 일도 아니라는 것을 알게 된 것이다.

그 후 사회생활을 하면서 나는 고등학교 동창들 모임이나 대학교 동기들 혹은 사회에서 만난 사람들 모임의 리더 역할을 많이 하고 있다. 나의 이전 모습을 모르는 사람들은 나보고 '타고난 리더'라고 이야기한다. 내가 없으면 모임이 이루어지지 않을 거라고 칭찬도 해 준다.

하지만 그런 말을 듣게 된 데에는 어려서 반장을 하고 싶었지만 하지 못했던 마음과 뒤늦게 반장을 하면서 느낀 여러 가지 깨달음이 큰 보탬이 되었다.

내 삶에
좋은 의미
부여하기

내가 강의를 나갔던 대학에서는 매년 고교 백일장을 열었다. 심사위원으로 참여한 나는 학생들이 써서 제출한 수천 편의 글을 단시간 내에 읽어야 했다.

그날의 글제는 다름 아닌 '이름'이었다. 대학입시에서 백일장 수상 성적이 중요한 요소로 작용해서인지 많은 학생들이 참가했고, 나를 비롯한 몇몇 심사위원들은 당선작을 엄선해야 했다.

이런 백일장에 나가 응모작들을 심사하다 보면 늘 느끼는 것이지만, 대부분의 글이 첫머리부터 비슷비슷하다. 그러니 아주 독특하게 쓴 글이 아니면 눈에 잘 들어오지 않는다. 물론 그

덕에 서두를 평범하게 쓴 글들은 원고지 첫 장도 채 읽히지 못하고 낙선작을 모으는 박스로 미련 없이 날아간다.

그날도 예외는 아니었다. 대부분의 학생이 자신의 이름에 대해 언급하며 풀어나가기 시작했기 때문이다.

나의 이름은 김철수다.
할아버지께서 지어 주신 고귀한 이름이다.

이런 글들은 바로 탈락이다. 애석하게도 자기는 나름대로 재미나게 쓴다고 쓴 모양인데 누구나 '이름'하면 자기 이름부터 떠올리기 때문에 식상할 수밖에 없다. 이런 글들이 수백 편이니 심사하는 사람은 빨리 판단할 수 있어서 좋긴 하지만, 이름 알기를 너무 쉽게 아는 게 아닌가 싶을 정도로 비슷한 글들이 정말이지 많아도 너무 많았다.

두 번째로 많은 글이 김춘수 시인의 〈꽃〉을 인용하며 시작하는 거다. 시를 전부 다 인용하는 장한 친구도 있었지만 대개는 한두 줄 인용하고는 이름의 의미, 이름이 갖는 기능 등등을 불투명하게 언급하곤 한다. 김춘수의 〈꽃〉 정도는 고등학교에 다니는 학생이라면 누구나 쉽게 떠올릴 수 있기 때문에 안타깝지만 이런 글도 모두 탈락이다.

백일장에서 뽑힐 정도의 글이라면 최소한 그런 수준은 뛰어

넘어야 한다. 그렇게 골라내다 보면 본선에 올라오는 글들은 대폭 줄어든다. 결국 심사위원들도 생각 못 했던 참신한 내용의 글들만 남아 자웅을 겨루게 되는 것이다.

결론적으로 내가 느낀 것은 이름이라는 글제가 너무 쉽기도 하지만, 또한 가만히 생각하면 너무 어렵다는 사실이었다.

"내 것이지만 남이 주로 쓰는 것이 무엇이냐?"라는 수수께끼가 있다. 정답은 바로 '이름'이다. 이름이야말로 나를 위한 것이 아니라 남을 위한 것이다. 굳이 앞서 김춘수의 시를 인용하지 않더라도 누군가의 입에서 나오는 발성, 그때부터 하나의 의미가 된다. 그렇기에 좋은 이름을 지어 주는 것은 좋은 의미를 부여하는 것이다.

연전에 우리 아이들의 이름을 개명한 적이 있다. 이름이 별로 좋지 않다는 아내의 강력한 주장에 의해서였다. 나는 한 번 지은 이름인데 바꿀 필요 있느냐, 그리고 이름대로 운명이 정해진다면 그거야말로 너무 웃기는 일 아니냐고 반박도 해 봤다.

그러나 아내 생각은 달랐다. 이름엔 분명 좋은 이름이 있고 개개인에게 맞는 이름이 있다는 거다. 물론 나 역시 책을 한 권 쓰더라도 보다 좋은 제목—책의 이름이 제목이다—을 달기 위해 노력한다. 그 말에 절대 공감하고 있지만, 또한 운명은 개인의 노력 여하에 달렸다는 강력한 신념이 있었기에 물러설 수 없었다.

우리 부부의 오랜 소모전의 승자는 아내였다. 아내는 법원에 가서 직접 아이들의 이름을 바꿨다. 그로써 나는 더 이상 아이들 이름을 둘러싼 논쟁을 할 필요가 없어졌다.

이름을 좋은 것으로 바꾸고 싶다는 욕망은 비단 개인에게만 국한된 것은 아닌 듯싶다. 최근 많은 기업이 이름을 변경하는 추세를 보면 그렇다. 과거의 순진(?)하던 이름들이 전부 국제적인 이름으로 변해 가고 있다. 국민은행이 KB가 되거나, 금성이 LG가 된 건 아주 대표적인 예라 할 수 있을 것이다.

이렇게 이름을 바꾼다는 것은 바로 그 기업의 이미지, 더 나아가 비전까지 바꾸고자 하는 것이리라. 글로벌 스탠더드에 입각해 이제 한국에만 국한된 기업이 아니라, 세계로 도약해 누구나 쉽게 기억하고 인지할 수 있는 기업이 되겠다는 뜻이니 가상하다. 그렇지만 국내에서의 역할은 작아지는 것 같아 일말의 아쉬움이 남아 있기는 하다.

사실 살아가면서 중요한 건 '아무개야' 하고 부르는 실용적인 의미의 이름이기도 하지만 기호로서의 이름이 더 중요하다. 기호로서의 이름 안에는 명성, 인지도는 물론이고 그 사람에 대한 평가와 이미지까지 녹아 있으니 어찌 두렵지 않겠는가 말이다.

옛사람들이 두고두고 이름이 알려지는 게 얼마나 두려웠는지 《경행록》에서 다음과 같이 말하고 있다.

"삶을 보전하려는 자는 욕심을 적게 하고 몸을 보전하려는 자는 이름 알려지는 것을 피한다. 욕심을 없게 하기는 쉬우나 이름 알리려는 마음을 없애기는 어렵다."

자신의 기호인 이름을 알리고 싶다는 마음, 그것이야말로 인간이 쉽게 끊기 힘든 유혹이 아닐 수 없다. 그래서인지 이 세상엔 지명도를 높이려 혈안이 된 사람들이 여기저기 참 많다. 작가로서 이름이 알려지면 사방에서 강연 요청과 광고 촬영 문의가 들어오고, 연예인들은 부와 명예를 손쉽게 쌓을 수 있기 때문이다. 남의 이름을 도용해 유명해진 가짜들까지 있는 걸 보면 지금은 이름을 알리는 게 중요한 시대이긴 한가 보다.

진정으로 존경받는 것은 기호로서의 이름 석 자가 아니다. 이름이라는 기호가 대표하는 그 사람 삶이 본질이다. '아름다운 이름을 남긴다'는 것은 그 사람이 '인격이 바르고 평생을 올곧게 살았다는 의미'기도 하다. 선인들이 이름을 소중히 여기고 경계하고 두려워했던 이유도 거기에 있다.

과거에는 소개장을 받아 취직하거나 일을 얻는 일이 제법 많았다. 소개장을 받는 사람 입장에서 보면 이 사람이 과연 누구의 소개로 왔는가를 보게 된다. 중요한 건, 그 소개장의 내용이 아니다. 그 소개장을 쓴 사람이 누구냐에 따라 소개를 성사시키는 관건이 된다. 사회적으로 저명하고 존경받는 사람의 이름 석 자가 적혀 있다면 덩달아 그 소개장을 받아 온 사람의 격도 올라갈 것이고, 정반대의 경우라면 당연히 내려갈 것이다.

자신의 이름 석 자가 중요하고 무서운 줄 아는 사람들이 더 많아진다면 좋은 세상으로 가는 길은 멀지 않을 것이다. 그저 이름을 알리는 것에만 급급하지 이름의 진정한 의미는 그 사람의 바른 삶이라는 점을 모르는 사람들이 너무나도 많다. 그래서 아무렇지 않게 명성을 이용해 악행을 저지르고 후안무치한 행동을 하는 거다. 아무리 부르기 쉽고 고심해서 아름다운 이름으로 치장하면 무엇 할 것인가. 본질이 변하지 않는다면….

촌스럽고 오래된 이름을 가진 회사 '유한양행'을 보자. 그 이름 네 글자에는 다른 기업이 쉽게 얻을 수 없는 양심과 설립자의 고귀한 정신이 깃들어 있다. 정말 중요한 건 얼마나 세련된 이름이냐가 아니다. 내면의 본질, 바로 그것이 진정한 가치이고 소중히 지켜야 할 고갱이다.

좋은 사람이
되고 싶다면

소설가였던 내가 본격적으로 동화를 쓰기 시작한 지도 벌써 20년이 넘었다. 1992년 〈문화일보〉에 소설로 등단하고 몇 권의 장편 소설책과 창작집도 발간했지만 요즘은 동화작가로 더 많이 소개되고 있다. 소설에 대한 구상과 창작은 계속 이어 가고 있지만 동화가 나의 창작세계에서 많은 부분을 차지하고 있다는 것만은 부인할 수 없는 사실이다.

애초부터 내가 동화작가를 꿈꾸었던 것은 아니다. 하지만 동화를 써야 할 운명을 어느 정도 타고난 건 아니었나 싶은 생각도 든다. 의대를 진학하고 싶었지만 장애로 인해 좌절하고 국문학과로 오게 된 나는 대학 시절 1년을 방황하며 보냈다. 2학년이 되고부터 국문학을 나의 인생을 걸 숙명으로 받아들였다. 그 후 지리하고도 오랜 습작 기간이 이어졌다.

동시에 대학원에 진학해 문학 이론과 실기, 두 가지를 병행해 가며 공부를 계속했다. 물론 중간중간 신춘문예라든가 문예지 등에 투고했지만, 그 결과가 참패로 끝나는 일이 많았다. 가끔은 당선 직전까지 갈 때도 있었지만 등단의 문은 쉽게 열리지 않았고, 오히려 대학에서 강의하면서 학생들에게 작문을 가르쳤던 성과가 먼저 책 출판으로 이어졌다.

《글힘돋움》이라든가 《살려 쓸 우리말 4500》 같은 글쓰기 관련 책들이 먼저 시중에 나와 독자들의 사랑을 받고 있을 무렵, 나는 어린 시절의 일을 바탕으로 삼은 작품 하나를 구상하게 되었다. 상당 부분 내가 자랐던 동네에서 있었던 실화를 바탕으로 한 이야기였다. 오랜 시간에 걸쳐 초고를 완성했고, 그것을 아는 평론가 선배에게 읽어 봐 달라고 부탁했다. 그 선배는 작품에 대해 이렇다 저렇다 별말이 없었다. 그러던 어느 날 갑자기 W 출판사에서 출간을 하겠노라고 연락이 왔다. 소년 소설로 개작해서 발간하고 싶다는 거였다. 그 선배가 출판사에 원고를 보냈던 것이다.

그것도 나쁘지 않겠다는 생각에 작품을 손보기 시작했다. 지금은 어떤지 모르겠지만 그때만 해도 W 출판사는 영업부의 의견을 존중해서 작품 내용까지도 수정하는 특성이 있는 출판사였다. 한 권 분량으로 내기에는 내용이 많기 때문에 두 권으로 나눠 달라는 주문이었다. 나는 몇 개월간 끙끙대며 상하 두 권으로 낼 만한 분량이 되도록 소설을 수정했다. 그러자 또 한참 뒤 그들은 상하권으로 해서는 상권밖에 팔리지 않을 것 같다고 다시 정리해서 한 권으로 합쳐달라고 했다. 아직 등단도 하지 않은 초짜 작가였기에 나는 그들이 원하는 대로 다시 고쳐주어야 했다.

몇 번의 수정 과정을 거쳐 작품이 드디어 책으로 나왔다. 그 무렵 나는 박사 논문이 통과되어 학문의 길에서 하나의 매듭을 짓게 되었다. 좋은 일은 함께 온다고 했던가. 그해 연말 〈문화일보〉 신춘문예에 단편소설 〈선험〉까지 당선되는 바람에 작가도 되고, 책도 출간하고, 박사학위도 받는 겹경사를 한꺼번에 맛볼 수 있었다.

그 후 동화에 대한 관심은 이어지지 못했다. 나는 다양한 작업들을 통해서 전업 작가로의 길을 걸었다. 그러던 가운데 J 출판사에서 시중에 나와 있는 수많은 동화 가운데 좋은 작품을 골라 엮은 책을 만들고 싶다는 제안을 해 왔다. 아이들이 읽었을 때 도움이 될 만한 감동적인 작품만 추려서 학년별로 권장 동화 모음을 만들자는 거였다. 저작권 문제는 출판사가 해결할 테니 나에게 좋은 작품만 골라 달라는 거였다.

그러려면 시중에 나와 있는 동화책을 전부 읽어야 하는데 그게 어디 보통 일인가. 나는 망설일 수밖에 없었다. 그러자 출판사에서는 자신들이 원하는 책은 다 구해 올 테니 골라 주기만 해 달라는 거였다. 좋은 작품을 골라 어린이들에게 읽히는 것도 문학을 전공한 나의 사명 가운데 하나라는 생각에 그 제안을 흔쾌히 받아들였다.

얼마 후 비좁은 내 작업실로 출판사 직원들이 책을 날라 들이기 시작했는데, 한 트럭 가까운 엄청난 양이었다. 출판사에서 책을 구하기가 아무래도 개인이 구하는 것보다는 쉬웠으리라. 내 비좁은 작업실은 천장에까지 책으로 가득 들어찼고, 결국엔 바닥에도 잔뜩 깔아놓아야 할 지경이 되었다. 정해 놓은 기한은 1년, 1년 동안 그 책들을 다 읽고 좋은 작품을 골라내 달라는 것이 그들의 주문이었다.

약속은 약속이다. 나는 그 많은 동화책들을 싸움하듯 읽기 시작했다. 하루에 열 권을 읽은 적도 있고, 다섯 권을 읽은 적도 있다. 동화이기에 내용을 깊이 파고들며 읽을 만큼 난해하지 않아 그나마 다행이었다. 밥 먹으면서도 읽고, 차를 마시면서도 읽었다. 다른 작업을 하다가도 머리를 식힐 겸 읽었고, 잠자는 머리맡에 두고 읽기도 했다.

그렇게 읽은 책들 가운데 몇백 권은 출판사로 돌려보내는 일이 반복되었다. 간혹 좋은 작품이 얻어걸리면 그 작품은 표시해서 빼놓는 단조로운 작업이 반복되었지만 읽는 동안은 즐거웠다. 동심의 세계로 돌아갈 수 있었기 때문이다.

마침내 1년 만에 나는 3,000여 권 가까운 동화책을 읽어냈다. 그리고 우리나라 창작동화의 현주소를 파악하게 되었다. 그 모든 책을 출판사로 돌려보내고 나니 작업실은 휑하니 쾌적해졌지만 내 머릿속에는 몇 가지 새로운 생각이 자리를 잡았다. 그때 나는 수많은 작가들이 써내고 있는 그저 그런 평범한 이야기들, 동화라면 누구나 쉽게 떠올리는 아름답고, 슬프고, 재미난 이야기들은 쓰지 않겠다고 결심했다. 그 생각은 지금도 나의 작품 창작에 지침이 되고 있다.

나는 장애아들의 삶을 동화를 통해서 알리기로 마음먹었다. 장애 유형별로 다 소개하겠다고 결심했고, 가장 먼저 써낸 것이 뇌성마비 장애아가 주인공인《아주 특별한 우리 형》이었다. 다행히 장애인 협회에서 활동하고 있었던지라 주변에서 쉽게 모델을 찾을 수 있었다. 이야기 구조를 만들고 글을 써나가기 시작하면서 나는 우리 아이들이 이 작품을 읽고 분명히 장애인에 대해서 새로운 시각을 가지리라는 확신이 섰다.

몇몇 지인들은 그때 나에게 이렇게 말했다. 장애인에 대한 칙칙한 이야기를 아이들이 읽겠느냐고. 그러나 내 생각은 달랐다. 동화야말로 장애 문제를 가장 정확하게 제대로 표현해 낼 수 있는 장르라고 생각했다. 고난과 역경이 있고, 그 어려움을 이겨내고 승리를 얻어낸 후 얻는 감동, 그것은 바로 창작동화의 숨겨진 새로운 영역이었다.

마침내 능력 있는 세 명의 실존 인물을 합쳐 놓은 '종식'이라는 캐릭터가 탄생했다. 책이 발간되고 나서 일부에서 주인공 종식이가 너무 완벽한 인물로 그려졌다고 지적했지만 내 생각은 좀 달랐다. 특별하고 뛰어나고 훌륭한 능력을 가진 사람의 이야기여야 독자들은 좋아한다. 나와 다를 바 없는 평범한 사람의 이야기라면 누가 읽겠는가.

어릴 땐 나보다 훨씬 나은 삶의 자세와 모습을 보여 주는 역할모델이 필요하다.

그때 한 가지 더 깨달은 점은 편집자의 역할을 전적으로 존중해야 한다는 거였다. 간혹 편집자들이 나에게 의견을 제시할 때 두려워하며 조심스럽게 말하는 경우가 있는데, 나는 하고 싶은 말이 있으면 기탄없이 하고, 지적할 곳이 있으면 날카롭게 지적해달라고 부탁한다. 그래서인지 내 작품을 편집하는 편집자들은 원고에 시뻘겋게 교정과 교열 사항을 표시해서 돌려보낸다. 그러면 나는 군말 없이 그들이 지적한 내용을 받아들여 고민하며 원고를 고치고 검토하길 반복한다. 이 책도 그렇게 탄생했다.

원고가 권위가 되어서는 안 된다. 원고는 독자들에게 다가가기 위해 작가가 정성껏 준비하는 하나의 작은 선물일 뿐이다. 그 선물을 좀 더 예쁘고 감동적이고 아름답게 가꾸는 일은 작가인 나와 편집자와 출판사 모두가 함께 머리를 맞대고 고민해야 한다. 그런 지난한 과정을 거쳐야 좋은 작품이 만들어진다. 스티븐 킹같이 뛰어난 베스트셀러 작가도 다음과 같은 이야기를 했다.

"창작은 인간의 영역이지만 편집은 신의 영역이다."

간혹 A 출판사에서 출간해 실패했던 작품을 B 출판사에서 다시 편집해 빛을 보는 경우가 있다. 편집자들은 나의 첫 독자이며, 그들의 조언이 바로 독자의 눈임을 염두에 두어야 하는 이유다.

나에게는 요즘도 매일 여러 권의 책들이 많은 출판사에서 배달되어 온다. 그러한 책들을 검토하면서 가장 먼저 보는 기준은 과연 어린이와 청소년들의 언어로 올바른 문법과 어법에 맞추어 정확하게 쓰였는가 하는 것이다.

초등학교 저학년, 중고학년을 대상으로 하는 책에 어려운 용어를 썼다거나 쉬운 말로 고쳐 쓰려는 노력이 보이지 않는 작품을 나는 독자를 위해 고민하여 만든 좋은 책이라고 인정하지 않는다.

좋은 책은 바른 독서 습관을 길러주고, 올바른 사회인으로 성장할 수 있도록 이끌어 주는 나침반 역할을 한다. 어렵고 딱딱한 문체, 불친절한 표현이 나열된 글로 어찌 독자를 흡인력 있게 끌어들일 수 있단 말인가.

또한 작품은 독자들이 흥미를 느낄 수 있을 만큼 재미가 있어야 한다. 영화, 텔레비전, 게임은 상상을 초월할 정도로 재미있다. 작가들은 그러한 다른 매체에 독자를 빼앗긴다면서 '출판의 위기'를 논한다. 출판의 위기를 걱정하고 염려하기 전에 그러한 장르들과 경쟁할 수 있을 만큼 강력한 재미를 주는 작품을 써야 한다. 나 역시도 구상하는 작품들을 어린이 독자들에게 먼저 읽혀보고 지적사항이 나오면 고쳐서 조금이라도 재미있는 작품이 되도록 하고자 노력한다.

장애 유형별로 다 써 보겠다는 젊은 시절의 포부는 아직 반의반도 이루지 못했다. 최근엔 장애인 주변 사람들의 고통과 번민까지도 눈에 들어올 정도로 시각이 넓어져서 작품에 더 다양한 모습을 반영하고자 노력하고 있다. 장애인을 친구로 둔 아이, 장애인을 자녀로 둔 아빠와 엄마, 혹은 장애인 부모와 자녀 이야기. 내가 평생을 바쳐 다루고자 하는 장애인 문제는 이처럼 다양하고 광범위하다.

최근엔 동료 작가들도 장애인이나 사회적 약자들에게 관심을 갖고 작품을 쓰고 있기 때문에 그런 면에서 정말 고맙게 생각한다. 다만 당부하고 싶은 것은 이거다. 장애 문제는 매우 민감하고 조심스러운 소재이기 때문에 혹여 작품을 쓰게 된다면 본인 혹은 관계자들이 편견과 차별로 잘못 표현된 부분은 없는지 꼭 확인해 주기 바란다. 말 한마디, 사소한 표현 하나로도 장애인들은 상처 입고 좌절할 수 있기 때문이다. 진정으로 약자를 배려하고 그들을 사랑하는 마음을 담아 작품을 쓰고자 하는 작가라면 그 정도 수고는 아끼지 않아야 하리라 생각한다.

결국 좋은 작가는 좋은 인성을 가진 사람이어야 한다. 글쓰기 기법이나 기교는 누구나 배울 수 있다. 훈련받을 수도 있다. 하지만 인성은 그렇지 않다. 짧은 시간 내에 완성할 수 없다. 그러다 보니 가끔 작가들이 사회에 물의를 일으키고, 그때마다 안타까움을 금할 수 없게 만든다. 자신이 가진 영향력을 생각해서라도 바르게 살도록 노력해야 하는데 말이다. 우리 삶의 일차 목적은 좋은 사람이 되는 것이어야 하니까 말이다.

고마울 땐
땡큐,
미안할 땐

쏘리

"작가님은 어떤 방식으로 사람들 글을 봐 주세요?"

교장 선생님 한 분이 나에게 물었다. 현역 동화작가로 활동하시는 분이다.

"저요? 원고에다가 빨간 펜으로 하고 싶은 이야기를 마구 써 주지요. 잘못된 것도 지적하고요."

나는 있는 그대로 대답했다. 평상시 나는 글을 보여 주는 사람들에게 최선을 다해 빨간 펜을 휘두른다. 흔히들 말하는 첨삭이다.

"저는 무서워요, 글 봐 달라는 사람이."

교장 선생님이 고개를 절레절레 흔들며 말했다.

"아니, 글 봐 주는 게 왜 무섭습니까?"

"글을 봐 달라고 해서 지적해 주고 실질적으로 도움이 되게 고쳐 주면 삐쳐요."

"네?"

"그런 뒤에는 나를 미워해요."

"하하하! 고맙다고 하는 게 아니고요?"

"네. 욕이나 안 하면 다행이에요."

그런 일은 나도 많이 경험했다. 글을 읽고, 있는 그대로 지적해 주고 이렇게 쓰면 좋겠다고 첨삭해 건네주면 지적받은 사람들 얼굴은 대개 일그러진다. 자기는 나름 최선을 다해 쓴 글인데 내가 빨간 펜으로 사정없이 북북 그어 버리거나 잘못된 표현들을 고치니까 자존심이 상하는 거다. 자기 수준이 이거밖에 안 되나 싶은 생각이 드나 보다. 그럴 때면 내가 하는 말이 있다.

"글이라는 건 나 자신이 아닙니다. 내 생각과 느낌을 옮긴 배설물이라고 보면 됩니다."

상황을 다른 것에 비유해서 생각해 보자. 매우 잘생긴 배우에게 갑자기 프라이팬과 재료를 주면서 요리를 하라고 하면 어떻게 될까? 그가 처음으로 요리를 해 보는 사람이라면 엉망인 음식을 만들어 낼 게 뻔하다. 그 음식을 먹어 보고서 '이런 게 부족하다, 저런 게 부족하다'라고 전문 요리사가 지적한다고 해서 그 사람의 수준이 그가 요리한 음식처럼 낮게 평가되는가? 아니다. 그리고 그 배우 또한 요리 전문가의 지적에 화를 내거나, 욕하거나, 마음속으로 미워하지 않을 거다. 배우는 요리를 잘하는 사람이 아니기에 요리 전문가의 지적에 기분 나빠할 필요가 전혀 없다.

글도 마찬가지다. 처음 써 보는 글이 잘 써질 리 없다. 숙달된 프로 작가가 볼 때는 고쳐야 할 게 한두 군데가 아니다. 지적받고 깨달은 만큼 고치면 다음번에 쓰는 글은 훨씬 좋아진다. 무조건 좋아지게 되어 있다. 이렇게 되면 본인에게 이로운 일이다. 거칠고 부족했던 걸 지적해 주고 시간 내서 읽어봐 주고 빨간 펜을 써 가며 고쳐 주는 것은 매우 감사해야 할 일이다. 그런데 남의 수고에 고마워할 줄 모르고 자신이 쓴 작품을 자신과 동일시하는 어리석음에 어찌해야 할지 모르겠다.

사람들은 고마운 일에 "고맙다"라고 말할 줄 모른다. 그 사람의 얄팍한 인성이 그대로 드러나는 것이다.

한번은 차를 도서관 주차장에 주차해 놓고 한참 강연을 하고 있는데 갑자기 누군가에게서 연락이 왔다. 차를 빼다 내 차를 긁었다는 것이다. 강연을 중단하고 나가 보니 젊은 부부가 새 차를 타고 나왔다가 초보운전 아니랄까 봐 내 차 범퍼를 살짝 긁어 칠이 벗겨져 있었다.

"죄송합니다. 저희가 실수했어요. 죄송합니다."

순간 나는 머리가 복잡해졌다. 이것을 사건으로 만들어 보험사에 연락하고, 그 뒤 공장에 차 수리를 맡기고 처리를 하면 하루 이틀은 차를 쓸 수도 없다. 일이 복잡할 뿐 아니라 그때 나는 강의를 하다가 도중에 나왔기 때문에 청중들이 나를 기다리고 있었다.

나는 그 부부에게 말했다.

"이 정도 칠 벗겨진 건 괜찮으니까 그냥 가세요."

그러자 부부는 눈을 동그랗게 뜨고 물었다.

"정말입니까?"

"그럼요. 그냥 가세요."

"미안합니다. 그리고 고맙습니다."

몇 번을 허리 숙여 인사했고, 나는 강의실로 돌아가 남은 강의를 마쳤다. 그들을 용서한 건 잘못했다고 먼저 사과부터 했기 때문이다. 인성이 나쁜 사람들 같았으면 어떻게든 자신이 잘못하지 않았다고 별별 이유를 다 대며 발뺌했을 것이다. 그날 집에 돌아오면서도 나는 초보운전자를 용서해 준 것에 기분이 좋았는데, 그때 마침 문자 하나가 날아왔다.

아까 사고 낸 사람입니다.
알고 보니 유명한 작가님이시더군요.
폐를 끼쳤는데 흔쾌히 용서해 주시니
너무 감사합니다.
저희도 본받아
다른 사람들이 실수했을 때
용서하도록 하겠습니다.
작가님께 감사의 뜻으로
또 죄송한 마음으로
커피 쿠폰 보내 드립니다.
맛있게 드셔 주세요

내 입꼬리가 흐뭇하게 올라갔다.

"미안하다"라고 이야기하는 것을 자존심이 상하는 일이라고 여기는 사람들이 있다. 나는 실수했을 땐 어린 학생들에게도 미안하다고 사과한다. 나는 실수를 잘하는 사람이다. 휠체어를 타고 다니다 보면 실수로 다른 사람과 부딪히거나 다치게 하는 일이 종종 있다. 그럴 때면 나는 서슴없이 "미안합니다. 정말 죄송합니다"라고 말한다.

사과는 절대 내 자존심을 상하게 하는 것이 아니다. 오히려 사과할 줄 안다는 건 그만큼 인격이 성장했다는 의미다. 과거의 실수에서 벗어나 더 나은 사람이 되겠다는 약속인 것이다. 그리고 부족한 점이 있다면 다시 채우겠다는 의미다.

사과하지 않는 것이 자존심을 지키는 것이라고 생각할지 모르지만 그러다 보면 인성은 퇴보하고 만다. 고마울 때는 땡큐, 미안할 땐 쏘리라고 말할 줄 알아야 한다. 그런 사람이 바로 진정한 인격자다.

손에서
책을
놓지 마라

새로 핸드폰을 바꿔야 했다. 동네에 있는 핸드폰 매장에 들어서자 젊은 주인이 반갑게 맞아 주었다. 이것저것 핸드폰 모델을 본 뒤 나는 메모가 가능한 노트종으로 골랐다. 가격과 요금제를 고르고 있는데 갑자기 핸드폰 매장 사장이 웃으며 말했다.

"선생님, 직장인 특별 할인 이벤트가 있습니다. 이거로 하시면 10만 원 더 싸요."

"그렇게 좋은 게 있어요?"

나는 반가워하면서 물었다.

"네. 그런데 이걸로 하면 핸드폰 회사에서 내일이나 모레쯤

전화가 올 겁니다."

"뭐라고요?"

"직장에 다니시는지 확인하는 전화니까 다니고 있다고만 말씀하시면 돼요."

그 순간 나는 꺼림칙함이 가슴속에 내려앉았다. 직장이 없는 작가인데 있다고 하라니 찜찜하지 않을 수 없었다.

"다들 그렇게 합니다. 그냥 직장 다닌다고 말씀하시면 돼요."

그 순간 나는 단호하게 말했다.

"10만 원 아끼려고 전화 오면 거짓말을 하라는 거죠? 내가 학생들을 가르치고, 모범되게 살려고 애쓰는 직업을 가지고 있는데 그건 좀 아닌 것 같네요. 그냥 10만 원 더 쓸게요."

그렇게 해서 나는 제값 주고 핸드폰을 구입했다. 함께 갔던 지인이 매장을 나오며 말했다.

"까짓거 그렇게 하겠다고 하고 10만 원 할인받지 그랬어."

"어느 책에서도 거짓말하라고 가르치지 않아. 10만 원 아끼려고 양심에 거리끼는 일 하고 싶지 않네."

그렇다고 내가 뭐 그렇게 뛰어난 도덕군자거나 하늘을 우러러 한 점 부끄러움이 없는 사람이라는 뜻은 아니다. 그저 거짓말하지 않고 바르게 살며, 세금 잘 내고, 주변에 해 끼치지 않는 삶을 살고 싶을 뿐이다.

이런 나의 마음은 어디에서 왔을까? 바로 어려서 읽은 책에 나오는 주인공들에게서다. 그들의 삶은 나의 인생에 보탬이 되었다. '무식한 사람'이라는 말은 매우 큰 모욕이다. 책을 읽어야만 무식에서 벗어날 수 있고, 사람답게 살 수 있다.

《삼국지》에 보면 오나라 왕인 손권이 여몽에게 말한다.

"그대들은 이제 국가의 큰일을 맡았으니 공부를 해서 지식을 쌓도록 하시오."

그러자 여몽이 대답한다.

"군사들을 이끌다 보면 시간이 없어서 책을 읽지 못합니다."

"허허 내 말을 잘못 알고 있구려. 내가 그대에게 책을 많이 읽어서 박사가 되라는 것이 아니오. 지나간 선인들의 이야기를 읽어 보라는 것이지. 그대가 할 일이 많다는데 나보다 많겠소? 나는 어려서부터 수많은 책을 읽었고, 업무를 보면서도 많은 병서와 역사책을 읽다 보니 후일 큰 도움이 되었소. 그대는 총명하고 이해력도 있어서 공부하면 반드시 얻을 게 많을 텐데 어찌 하지 않으려 하는 거요? 일찍이 공자도 하루 종일 먹지도 않고 자지도 않고 생각을 했는데도 얻는 게 없다면 차라리 책 읽는 편이 낫다고 했소. 조조도 늙어서까지 책 읽는 것이 좋다고 말했는데 왜 공부하지 않는 것이오?"

이 말에 여몽은 크게 자극을 받았다.

훗날 주유가 죽은 뒤에 도독이 된 노숙이 군영을 지나가다 여몽을 만났다. 노숙은 과거의 여몽을 생각하며 그를 가볍게 여겼다. 무지몽매한 무장으로만 알고 있었던 것이다. 술자리가 벌어졌을 때 여몽이 노숙에게 물었다.

"도독께서는 중임을 맡아 관우와 창칼을 맞대고 있는데 어떤 계략으로 대기하고 있으십니까?"

노숙은 여몽의 질문에 당황했다.

"일이 닥치면 적당한 방법으로 대할 것이오."

그러자 여몽은 자신이 생각해 놓은 다섯 가지 계책을 논리 있게 이야기했다. 그의 말을 들은 노숙은 크게 감탄하여 여몽에게 다가가 등을 두드리며 말했다.

"여몽, 그대의 수준이 이 정도인 줄 미처 몰랐소."

그리고 여몽과 두터운 친분을 쌓았다.

훗날 이 이야기를 본 사람들은 이렇게 말했다. 선비는 모름지기 여러 날을 떨어져 있다가 다시 만나면 눈을 비비고 봐야 할 정도로 성장해 있어야 한다(괄목상대:刮目相對).

책을 읽으면 그 사람의 실력과 능력과 인성, 모든 것이 몰라보게 성장한다.

장애를 가진 내가 사람들 사이에서 따돌림당하지 않고 오늘날까지 30년 넘게 작가 생활을 하면서 크게 욕먹지 않은 이유가 꾸준히 책을 읽었기 때문이다. 나의 인성과 지식과 능력과 꿈과 삶의 스승은 책이다. 나 혼자 수백 명의 머리를 합친 지혜를 가질 수는 없다. 하지만 책을 읽으면 가능하다. 책에는 수많은 사람의 경험이 응축되어 있기 때문이다. 그렇기 때문에 손권은 여몽에게 수불석권(手不釋卷: 손에서 책을 놓지 마라)이라 말했다.

나폴레옹은 전쟁터에 나가면서도 항상 1,000여 권의 책을 마차에 싣고 다니면서 자신을 갈고닦았다고 한다. 역사, 과학, 종교, 미술 등 분야를 가리지 않고 닥치는 대로 읽으면서 지식을 쌓은 것이다. 어디 그뿐인가. 빌 게이츠는 하루에 한 시간씩 주말에는 두세 시간씩 책을 읽어 1년이면 평균 500여 시간을 책을 읽는 데 할애한다고 알려져 있다. 페이스북을 창시한 마크 저커버그는 2주일에 책 한 권을 읽고, 스타벅스 창업자인 하워드 슐츠는 새벽 5시면 일어나 책을 읽었다고 한다.

요즘은 대가족 제도의 가정환경도 아니고 학교에 가서도 입시 위주의 수업만 하다 보니 청소년과 어린이들이 인성을 배우며 갈고 닦을 기회가 거의 없다. 대가족 제도였으면 할머니, 할아버지, 아버지, 어머니, 삼촌, 고모, 이모, 형제들과 함께 어울려 살면서 때로는 야단도 맞고 때로는 칭찬도 받으며 인성을 갈고 닦을 수 있을 텐데 말이다. 요즘은 핵가족 사회일 뿐만 아니라 부모들이 다 맞벌이를 하다 보니 아이들이 일상생활에서 배울 수 있는 것들을 놓치는 경우가 많다.

학교생활도 마찬가지다. 과거에는 선생님들이 자신이 살아 왔던 이야기도 해 주고 학생들과 어울려 몸으로 부대끼며 스승으로서 모범을 보여 주는 경우가 많았다. 하지만 요즘은 선생님들이 인성교육에 전념할 수가 없다. 지식 전달에 급급할 뿐 아니라 입시 위주로 모든 교육 과정이 돌아가니 말이다.

이런 환경에 대해 불평하기보다는 나만의 방법으로 자신을 갈고 닦고 깨우치는 방법을 찾아야 한다. 독서만이, 독서야말로 우리 인성을 기를 참스승이다. 남들이 책을 읽지 않을수록 더 좋은 기회가 될 수 있다. 좋은 인성을 가진 사람만이 좋은 기회를 잡는 법이다. 오랜만에 만난 친구가 나를 보고 '눈을 씻고 다시 볼' 정도는 되어야 하지 않겠는가.

내 문학의 각성제
바퀴벌레

    등단한 뒤 첫 장편 소설인 《원균 그리고 원균》이 운 좋게 베스트셀러가 되면서 작가로서는 만져보기 힘든 거액의 인세가 들어왔다. 등단 1년 차 신예작가이며 대학 시간강사인 내 주제를 너무나 잘 알았던 현명한 아내는 용단을 내렸다. 그 돈을 보태 집을 사야 한다는 거였다.

    그래서 없는 돈에 무리해서 산 집은 지은 지 20년이 넘은 5층짜리 아파트였다. 전에 살던 사람은 10여 년을 살면서 도배한 번 하지 않고 살다 떠났다. 당연히 집은 돼지우리 그 자체였고, 시설이 너무도 낡아 무너져 내리기 일보 직전이었다. 그래도 우리 부부는 신이 나서 새로 도배를 하고 욕조를 갈고, 커튼을 달면서 겉보기에 말쑥한 집으로 바꿔 놓았다.

그러나 문제는 그 집에 먼저 와 자리를 잡고 있는 원주민(原住民)이 있다는 사실이었다. 시도 때도 없이 나오는 바퀴벌레! 그들과의 싸움은 거의 전쟁이나 마찬가지였다. 아무리 잘 단속해도 단지 전체가 낡아서 재건축 운운하는 분위기였으니 원초적인 박멸 자체가 불가능했다. 바퀴벌레는 죽이고 죽이고 또 죽여도 계속해서 나왔다. 그럴 때마다 나는 수첩에 바퀴벌레 박멸 과정을 기록했다.

　－ 밤에 화장실 가는데 불을 켜니 바퀴벌레 두 마리가 부리나케

　　도망치는 걸 야구 선수가 슬라이딩하듯 덮쳐 잡았다.

　－ 연막소독으로 바퀴벌레를 죽이려면 소방서에 신고해야 하고,

　　밖에 나가 대피까지 해야 한다. 모의 화생방 훈련이다.

이런 식의 메모가 내 수첩에 쌓였다. 그 메모는 나중에 내게 생각할 거리를 제공했다. 수첩만 펼치면 그때의 일들이 주마등처럼 떠올랐다. 그리고 그 지긋지긋한 바퀴벌레들은 나에게 선물을 하나 주었다. 〈바퀴벌레와의 전쟁〉이라는 단편소설을 한 편 쓰게 되었으니까 말이다.

아니, 사실은 그 아파트가 나에게 선물을 주었다. 낡은 집을 쓸고, 닦고, 치우고, 정리하면서 무수히 많은 사건, 사고가 이어

졌다. 물청소하다 물이 새서 아랫집 창틀에 널어 둔 빨래를 적셔 버린 일, 싱크대 파이프가 터져서 새로 도배한 아랫집 벽지를 망가뜨린 일 등등. 이러한 사고들은 평범한 일상을 뒤흔드는 골칫거리였고 해결하기 위해 동분서주하게 만들었다. 그러면서 나의 머릿속에는 이 낡은 집의 문제 해결 과정 중에 얻는 깨달음이 연작소설로 만들어졌다.

생각은 실타래와 같다. 실마리를 하나 잡으면 줄줄이 이어져서 나온다. 나와 같은 작가에게 생각은 재산이다. 생각하고 또 생각해야 작품의 뼈대가 만들어진다. 그러려면 자양분이 필요하다.

아무것도 없는 척박한 경험 속에서는 생각이 나올 수 없다. 그래서 수시로 메모하고 기록하고 기억해야 한다.

나의 대표작 가운데 하나인 《아주 특별한 우리 형》도 작은 메모에서부터 시작되었다. 1989년부터 나는 장애인 문제에 관심을 가지기 시작했다. 장애인 문제에 대해 공부하고 사회운동을 함께할 후배들을 몇 명 모집하여 그들과 함께 스터디를 시작했다. 우리들의 지식만으로 해결되지 않을 땐 《사회복지학개론》을 갖다 놓고 읽으면서 부족한 실력을 쌓았다.

그때 나의 눈길을 끄는 대목이 하나 있었다. 장애인과 더불어 사는 세상을 만들려면 지역사회와 밀착되어 있어야 한다는 거였다. 내가 살고 있는 동네, 내가 살고 있는 지역에서 떨어져 나가면 장애인은 그때부터 불행해진다는 부분이 가슴에 와닿았다. 그러면서 생각해 보았다. 작가적인 상상력이었다.

'만일 지역사회 안에서 떨어져 나갔던 장애인이 돌아온다면 어떻게 될까?'

이것이 나의 수첩에 적힌 한 문장이었다. 이 문장은 10년 동안 나의 마음속에 담겨 있다가 생각에 생각이 더해지면서 나의 경험과 사고가 얹혔다. 그래서 나온 작품이 바로《아주 특별한 우리 형》이다. 아무 문제 없이 정상적으로 살던 가정에 갑자기 형이 나타난다. 그 형은 장애를 가지고 태어나 멀리 시골에서 비밀리에 키워졌다. 동생은 그런 형을 받아들이기가 어렵다. 이것이《아주 특별한 우리 형》의 시작이었다. 작은 실마리라도 오래오래 붙잡고 사색하면 한 편의 작품이 된다.

작가들이 계속해서 글을 쓸 수 있는 건, 남다른 재능이 있다거나 번뜩이는 영감이 자주 떠올라서가 아니다. 그들에겐 늘 생각의 실마리가 되는 메모가 있다. 작품을 쓸 수 있는 가능성을 열어 두는 거다. 나는 대학 때부터 메모하는 걸 습관화했다. 지금도 내 가방에는 언제든 메모할 수 있는 수첩과 필기구가 준비되어 있다. 생각을 기록하고 생각을 확장하기 위한 준비물인 것이다. 준비 없이 수확할 수 있는 열매는 없다.

지금은 재건축 아파트가 번듯하게 들어선 그 옛집은 내게 큰 정신적 자산이 되었다. 이 지구에 인간보다 먼저 와서 인간보다 더 나중까지 살 거라는 원주민, 아니 원주인(原住人) 바퀴벌레들의 놀라운 적응성과 생명력. 그것들을 기록하고 글로 남긴 그 집요함이 나를 작가로 만들어 주었다.

　바퀴벌레는 느슨해지려는 문학에 대한 나의 자세를 가다듬게 해 준 각성제이다.

굳은살이
박이도록
생각하라

내가 처음으로 목발을 짚게 된 건 학교에 가기 전 재활원에 있을 때였다. 그전까지는 집 안에서 기어 다니기만 했을 뿐 집 밖으로는 나갈 수 없었다. 그러다 병원에서 다리 수술을 받고 재활원에 들어가면서 그곳에서 목발 짚는 법을 배웠다.

먼저 흐느적거리는 다리에 브레이스라는 쇠로 된 붕대를 칭 칭 감는다. 무게가 엄청난데, 그것을 감으면 온몸이 마치 로봇 처럼 변한다. 뻣뻣해진 몸으로 침대에서 다리를 내리고 그다음 엔 겨드랑이에 자그마한 목발을 받친다. 다리가 뻣뻣해졌으니 목발만 받치면 설 수 있다. 그 상태에서 로봇처럼 서서 오른발 왼발 하면서 조금씩 다리를 내밀고 덩달아 목발도 내밀며 걷는 것이다.

그렇게 며칠 연습하자 마침내 나도 다른 아이들처럼 목발을 획획 앞으로 내밀면서 걸을 수 있게 되었다. 하지만 내 몸은 브레이스만 풀면 바로 주저앉고 말았다. 걷는 법도 제대로 익히지 못한 채 그 상태로 집에 돌아왔다. 목발을 짚고 집 밖을 나서려고 하니 동네는 온통 울퉁불퉁한 길에다 높은 턱 천지였다. 마루에서 마당으로 내려가는 데도 댓돌에다 마룻장 높이까지 만만치 않아서 도저히 목발을 짚고 다닌다는 건 생각조차 할 수 없는 일이었다. 그러니 나는 목발 짚는 걸 싫어하게 되었고 결국 브레이스도 벗어버리게 되었다. 비싼 돈 주고 맞춘 브레이스는 몇 번 사용해 보지도 못하고 광에 처박히고 말았다.

그때 어머니가 브레이스 하지 말고 맨손으로라도 목발을 짚어 보라고 하셨다. 나는 그게 불가능하다고 생각했다. 브레이스를 착용하지 않고 목발을 짚은 적이 한 번도 없었기 때문이다.

'될까? 다리에 힘이 없는데?'

아무리 생각해도 불가능할 것 같았지만 용기를 냈다. 나는 맨손으로 목발을 짚고 한번 서 보았다. 놀라운 건 그새 팔힘이 세졌는지 다리에 힘이 하나도 없는데도 양팔의 근력만으로 목발을 짚고 설 수가 있었다는 것이다.

그때부터 나는 목발을 짚고 동네를 돌아다닐 수 있게 되었다. 물론 허리 아래 두 다리는 걸을 때마다 휘청휘청 흐느적거리며 제멋대로 끌려다녔다. 하지만 목발을 짚고 걸을 수 있게 된 것만으로도 나에겐 분명 기적과도 같은 일이었다. 아마도 근육을 강화시킨 것과 어떻게 해서든 걷겠다는 의지 덕분이었으리라. 그 후 목발은 나의 친구가 되었다.

목발을 짚다 보니 여린 손에 물집이 잡히기 시작했다. 손이 화끈거리면서 벌겋게 부어올랐다. 하지만 나는 매일매일 밖에 나다니는 재미에 아랑곳하지 않고 목발을 짚고 다녔다. 그때부터 손에 굳은살이 박이기 시작해서 나중에는 두툼하게 자리를 잡았다. 팔 힘은 점점 강해졌고 상체 힘만으로 목발을 사용해 어디든 다닐 수 있게 되었다.

재활원에 있을 때 휠체어 타는 법도 배웠다. 휠체어는 앉은 채로 바퀴만 굴리면 되었기 때문에 무척 편하다. 빠르게 움직일 수 있고 체력 소모도 훨씬 적다. 하지만 그때만 해도 휠체어는 매우 비싼 물건이었다. 그래서 쉽게 장만할 수 없었다. 때문에 나는 목발을 짚고 동네를 돌아다녔고 어깨와 팔 근육은 점점 단단하게 굵어졌다.

중고등학교 때부터는 스스로 목발을 짚고 걸어서 통학하였다. 하지만 어깨가 넓어지고 몸무게가 늘면서 목발이 휘청휘청 휘는 일이 많아졌다. 그러던 어느 날 목발이 '딱' 부러지는 소리와 함께 나는 땅바닥에 나뒹굴고 말았다. 이후 새 목발을 샀지만 내 몸무게를 이겨내지 못하고 부러져 버리기 일쑤였다.

결국 아버지가 어디선가 쇠로 만들어진 목발을 구해 오셨다. 튼튼해서 한참 동안 내 가장 좋은 친구로 오래도록 함께 지냈다. 하지만 이 목발의 단점은 너무 무겁다는 것이었다. 자체 무게 때문에 힘이 들었다.

대학에 들어가서는 미제 합성목 목발을 썼는데 여러 개의 나무를 겹쳐 만들어서 탄성은 좋았지만 역시 오래 쓰면 쉽게 부러졌다. 대학 운동장을 걸어가다가 부러져서 부랴부랴 학교 앞 의료기 상점에 가서 목발을 새로 산 적도 여러 번 있었다.

결혼한 뒤에는 아내가 휠체어를 사 왔다. 그때만 해도 나는 휠체어를 타는 건 정말 장애인이 되는 일이라고 생각했다.

'뭐야 이건 완전 중증 장애인 같잖아. 목발을 짚으면 얼마나 편한데.'

당시만 해도 목발을 짚고 걷는 것과 휠체어를 타는 것은 하늘과 땅 차이라고 생각했다. 지금 돌이켜보면 이거나 저거나 피차 모두 장애인인데 말이다.

요즘은 목발을 짚는 일은 거의 없고 주로 휠체어를 타고 다닌다. 몇십 년간 하도 목발을 짚고 다녀서 팔꿈치와 손목이 다 망가졌기 때문이다. 병원에 갔더니 의사 말로는 팔꿈치에 작은 뼛조각들이 돌아다닌다는 거였다. 과도한 무게를 견디느라 뼈들이 안에서 부서졌다는 거다.

"당장 수술 하시죠."

의사는 자신이 새로 도입한 수술 도구를 어서 써 보고 싶어 했다. 하지만 나는 또 생각했다.

'다리도 못 쓰는데 섣불리 수술했다 잘못되기라도 하면 나는 어떻게 움직이지? 가족은 누가 벌어먹이지? 침대에 누워 있게만 되면 어쩌지?'

심사숙고해 보니 어차피 타야 할 휠체어라면 이참에 타는 것이 좋겠다고 결심했다. 관절을 조금이라도 보호하는 것이 나의 미래를 위해 이롭다고 판단했던 것이다. 그 결과 지금은 목발을 짚고는 100미터도 못 걷는다. 과거 몇 킬로미터씩 걸어다녔던 시절이 상상이 안 될 정도다. 그 대신 휠체어와 자동차가 목발 역할을 대신해 주고 있다.

생각은 어떤 식으로든 난관을 헤쳐나갈 수 있게 해 준다.

처음엔 목발을 짚고 다니던 내가 이제는 휠체어를 타고 다닌다. 나중에 더 늙으면 전동 휠체어를 타고 다닐 것이다. 아마도 그렇게 점점 더 중증 장애인이 되어 인생을 마치게 되리라.

하지만 그러한 보조기로 나의 삶을 받쳐 왔기에 지금까지 많은 일을 해 낼 수 있었다. 이러한 내 삶은 그 누구의 삶과도 바꿀 수 없을 정도로 소중하다. 목발이 부러져 나가듯 언젠간 나의 인생도 끝이 나겠지만 그날이 올 때까지 후회 없는 삶을 살겠다고 다짐한다. 아니, 생각하는 힘이 있기에 나는 지치지 않고 포기하지 않는다.

　이제는 목발을 짚지 않아 다시 부드러워진 나의 손바닥을 만져 본다. 그 두꺼웠던 굳은살이 사라지듯 내 삶도 언젠가는 이 땅에서 사라질 것이다. 하지만 내 생각만은 남을 것이다. 생각을 글로 적은 책을 누군가 읽을 것이고, 그 독자는 어느 장애인 한 명이 열심히 하루하루 생각에 생각을 거듭하며 살다 갔음을 기억해 줄 것이다.

생각은
힘이 세다

내가 젊었을 때는 한국 영화를 방화(邦畵)라고 해 잘 안 보려
했다. 그래서 영화 보러 간다고 하면 대부분 외국영화를 본다
는 의미였다. 그런데 최근에 〈기생충〉 같은 한국 영화가 국제
영화제에서 큰 상을 휩쓸면서 세계적으로 주목받고 있다. 매우
놀라운 일이다.

과거에 드라마는 엄마들이 재미 삼아 보던 것이었다. 별다른
오락거리가 없었으니 드라마를 보며 시름을 잊기도 하고 문화
생활을 하고 싶은 욕구를 대신 충족시켜 주기도 했다. 그런데
지금 한국의 드라마는 영화만큼이나 수준이 높아졌다. 세계적
으로 영향력을 행사하며 한류를 선도하고 있다. 스토리텔링이

탄탄하게 짜여 있어서 한 번 보면 중독될 정도로 재미있으며, 기발한 아이디어와 상상력으로 여러 나라에 판권이 팔리는 등 의미 있는 성과를 기록하고 있다.

어디 그뿐인가. 싸이나 BTS로 대표되는 K팝의 위세는 지금 전 세계를 강타하고 있다. 세계 어디에서든 이들의 음원이 스트리밍되고 빌보드차트에도 올라가곤 한다. 미국 등 선진국 백화점에 들렀다가 우연히 우리나라 연예인 사진이 걸려 있는 걸 보거나 아이돌 노래가 여기저기에서 흘러나올 때면 저절로 가슴이 뭉클해진다.

심지어 그들의 팬들이 팬심으로 한국까지 비행기를 타고 찾아와 메이드인코리아 상품을 사고 있다. 그야말로 몇십 년 사이에 엄청난 변화가 일어난 것이다. 이는 우리나라 문화 업계 종사자들이 각자의 자리에서 스스로 변화하고 살아남기 위해 열심히 노력한 덕분이다.

우리 민족은 오래전부터 음주 가무에 능했다고 한다. 《삼국지》의 〈위지동이전〉을 보면 한민족을 기록한 부분에 10월이 되면 낮이건 밤이건 많은 사람들이 모여 술을 마시고 노래를 부르며 춤을 추고 하늘에 제사를 지내는 무천(舞天)이라는 행사를 했다고 기록되어 있다. 한마디로 우리는 흥이 많은 민족인 것이다. DNA에 흥과 멋이 내재되어 있다고 해도 과언이 아닐 것이다. 그런 예술에 대한 민족적 잠재력이 오늘날에 이와 같이 꽃핀 것이리라.

개인적으로 나 역시 변신하기 위해 끊임없이 노력해 왔다. 꾸준히 작품을 써서 매년 10여 권의 책을 펴냈고, 350여 회의 강연을 다녔다. 〈나무늘보 릴랙스〉라는 뮤지컬도 무대에 올렸다. 무엇보다도 유튜브 크리에이터가 돼서 〈고정욱 TV〉라는 개인 방송도 시작했다.

가만히 있는 것 같지만 수많은 변화가 있었다. 현실에 안주하지 말고 하고 싶은 건 다 해 보자고 생각했기 때문이다. 이렇게 끊임없이 새로운 것을 시도하고 실패하고 다시 도전하는 것 자체에 의미를 두는 것이 내가 생각하는 예술의 참모습이다.

생각은 힘이 세다. 특히 창의적인 생각은 세상을 바꿀 수 있고 더 나아가 역사를 바꿀 수 있다.

영웅으로 평가받는 사람들은 힘이 세고 용맹한 사람이기도 하지만 무엇보다 생각할 줄 아는 사람이었다. 대표적으로 영웅 헤라클레스를 보자. 흔히들 헤라클레스를 근육질의 훈남으로 알고 있지만 그에게서 주목해 봐야 할 점은 그런 외적인 모습만이 아니다.

그에게 수백 마리의 가축이 수십 년간 싸놓은 똥과 오줌을 청소하는 일이 과업으로 주어졌다. 엄청나게 많은 가축이 엄청나게 많은 분뇨를 쌓아 둔 우리였지만, 생각이란 걸 할 줄 알았던 헤라클레스는 강물의 흐름을 바꿔 단번에 씻어 냈다. 이 과업은 '아우게이아스의 마구간'이라고 해서 오랫동안 쌓여 있어 풀기 어려운 문제나 엄청나게 어렵고 오래 걸릴 것이라 생각한 것을 단번에 해결한다는 뜻을 지니고 있다.

헤라클레스의 창의적인 생각은 초인적인 능력을 발휘하게 만들어 어려운 문제도 단숨에 해결하였다. 이처럼 생각은 기적을 만든다. 비록 현재 입시 공부를 우선으로 해야 하는 상황이고, 부모님의 기대와 압박 때문에 꿈과 비전을 자유롭게 갖지 못하는 처지일지라도 생각만큼은 마음껏 할 수 있지 않은가. 대다수의 친구들이 게임이나 스마트폰에 빠져 책을 읽지 않을 때일수록 책을 읽는 사람은 더 유리하다. 게으른 사람들 사이에서 끊임없이 움직이는 사람은 지도자가 된다. 그것을 깨달았으면 이제 결단을 내려야 한다. 결단이란 생각에 의해서 나오는 것이다. 생각하는 것, 그것이 더 능력 있고 멋진 사람이 되는 지름길이다.

오늘날의 청소년들은 배우는 것도 많고 경험도 다양해서 잠재된 능력 또한 뛰어나다. 우리나라에만 머물러 있기엔 아깝다. 국내뿐 아니라 해외로 눈을 돌려 글로벌 인재를 꿈꿔야 한다. 창의적인 생각을 바탕으로 세계무대를 향해 나아가야 한다.

생각도
성장해야 한다

학원을 운영하는 후배 송 선생과 어느 날 대화를 나누게 되었다.

"형님, 요즘 아이들은 생각이 없습니다."

"생각이 없다는 게 무슨 말인가?"

"누가 말해 준 것이나 남의 생각을 앵무새처럼 그대로 외우기만 해요. 디즈니 애니메이션을 하나 틀어주고 토론을 가르쳤는데 너무 실망스러웠지 뭡니까. 아이들한테 애니메이션을 보고 나서 어떤 생각이 들었는지 말해 보라고 했더니, 정말 대답들이 하나같이 어이가 없더라고요."

재미있다, 컬러가 화려하다, 기법이 뛰어나다. 이런 이야기만 학생들 입에서 쏟아져 나왔다는 것이다. 송 선생이 원했던 것은 자기 생각이었다. 애니메이션 영화를 보면서 어떤 느낌이 들었고 그걸 통해서 무엇을 깨달았는지를 이야기하길 바랐는데 그런 생각 훈련이 전혀 되어 있지 않더라는 것이다. 남들이 말한 걸 아무런 의심이나 판단 없이 머릿속에 집어넣어 버리곤 그게 마치 자기 생각인 것처럼 여기며 산다는 거였다.

우리의 몸을 컴퓨터 본체라고 가정한다면 생각은 소프트웨어다. 본체만 가지고는 컴퓨터가 돌아가지 않는다. 소프트웨어가 있어야 컴퓨터가 제 역할을 할 수 있다. 청소년기에는 본체인 몸도 성장하지만 체력도, 생각도 같이 성장해야 한다. 몸만 갑자기 너무 빨리 성장할 때 나타나는 현상이 바로 사춘기다. 몸은 벌써 어른처럼 커졌는데 사고하는 건 아직 어리다 보니 부모나 주위 사람들과 갈등을 일으키고, 사건 사고를 저지르는 것이다. 그만큼 생각이 얼마나 중요한 것인지 알 수 있다.

중학교에서 방과 후 수업을 하는 지인에게 들은 이야기다. 그의 수업 제목은 '생각하기'란다. 첫날 학생들을 모아 놓고 이렇게 물어본다는 것이다.

"일본에 대해서 어떻게 생각하니?"

그러면 대답이 대체로 비슷비슷하다고 한다.

"일본에 가지 말아야 해요."

"일본은 나빠요."

"일본 물건 사면 안 돼요."

그 강사가 원하는 대답은 그게 아니었다. 자기가 경험한, 또는 자기가 생각하는 일본에 대해서 좀 더 구체적으로 말해 달라고 다시 질문하면 대부분의 아이들은 대답을 못 한단다. 이유는 일본에 대해서 구체적으로 생각해 본 적이 한 번도 없기 때문이다. 선생님이 수업 시간에 해 주는 이야기, 부모님께 들은 이야기, 사회 분위기, 그리고 친구에게 들은 말이 그대로 내 머릿속에 여과 없이 자리를 잡아 버린 것이다.

나에게 일본에 대해서 어떻게 생각하느냐고 묻는다면 나만의 생각을 얼마든지 말할 수 있다. 나는 부모님 고향이 제주도라서 친척 중에 일본에 사는 사람이 많다. 일제강점기 때부터 촉발된 제주도 사람들의 일본 이주 열풍, 심지어 우리 아버지도 젊었을 때 일본에 가서 막노동을 해서 돈을 벌어 오려고 했단다. 그렇기에 나에게 일본에 대해 어떻게 생각하느냐고 묻는다면 먹고살기 위해 가난한 한국 사람들이 최고의 나라라고 선택해서 찾아가던 희망의 유토피아였다고 얘기하겠다. 뭔가 엄청난 것이 있을 거라 생각하고 찾아갔지만 과연 그들이 원하는 것을 얻었는지는 알 수 없다.

가끔 우리 집에 찾아오는 재일교포 친척들은 녹음기, 만년필, 화장품 등 선진 문물들을 들고 왔다. 당시 우리 경제 상황에서 볼 때는 매혹적이었지만 손톱 밑에 시커먼 때가 끼어 있는 것을 보고 그들이 얼마나 험악한 일을 하며 사는지 미루어 짐작할 수 있었던 가슴 아픈 기억이기도 하다. 물론 나의 그러한 판단에는 개인적인 경험뿐 아니라 역사적인 배경도 있다. 그렇게 일본은 나에게 가슴 아픈 나라로 와 닿았다.

참 감사하게도 이제는 더 이상 먹고 살겠다고 일본에 가지 않아도 한국에서도 얼마든지 좋은 직장을 얻을 수 있게 되었다. 나와 같은 경험을 한 사람들에게는 현재 일본과 어깨를 나란히 한다는 게, 대등한 입장에서 외교를 한다는 것 자체가 믿기지 않는 일이다. 어디 그뿐인가. 코로나19 사태 이후 우리나라의 방역 시스템이 다른 어느 선진국보다도 훨씬 뛰어나다는 사실 또한 알게 되었다. 나에게 일본에 대해 어떻게 생각하냐고 묻는다면 나는 다양한 생각들을 정리해서 말했을 것이다. 이런 것이 생각이다.

데카르트는 말했다.

"나는 생각한다. 고로 존재한다."

그는 모든 지식을 의심해 봐야 한다고 했다. 그리고 내가 직접 생각한 것만이 확실한 지식이라고 주장했다. 생각하지 않는 인간은 동물이나 다름없다. 아니, 그 표현도 맞지 않다. 동물에 모욕이 될 수도 있다. 동물들도 생각하기 때문이다.

동물에게 생각하는 능력을 길러주는 것이 훈련이다. 훈련된 개들은 생각하는 법을 배운 개들이다. 자신이 어떤 반응을 보일 때 주인으로부터 어떤 보상이 있다는 걸 안다. 총명한 개는 주인의 메시지를 읽어 내고 그가 원하는 것이 무엇인지, 자기가 어떻게 행동해야 하는지를 생각해서 장에 가서 물건을 사오기도 하고, 어린아이를 지켜주기도 한다.

가끔 학교에 강연을 하러 가면 아무 생각 없는 아이들의 질문을 받기도 한다.

"아저씨 누구세요?"

"왜 휠체어 탔어요?"

"무슨 책 쓰셨어요?"

학교 강연은 대개 몇 달 전에 미리 스케줄을 잡는다. 강연이 약속된 학교에서는 내 책을 돌려 읽게 하고, 곳곳에 포스터를 붙이고, 도서관에서는 내 책 코너를 따로 만들어 놓기도 한다. 그런데도 복도나 운동장에서 만난 아이들이 이런 엉뚱한 질문을 하는 것이다. 이건 마치 손님 불러 놓고 왜 왔냐는 식이다. 심지어 이런 질문도 한다.

"결혼했어요?"

"자식은 있어요?"

물론 호기심과 궁금증으로 물어보는 것이리라. 그러니까 어린이고 청소년이긴 하다. 그렇지만 이런 일은 기본에 관한 문제다. 예의에 관한 문제일 수도 있다.

'작가와의 만남'이란 주제로 나를 초대했으면 그 사람의 작품을 읽어 보고, 나름 궁금했던 점에 대해서 고민한 다음 그중 가장 큰 의문을 골라 신중하게 질문하는 것, 이것이 바로 생각 있는 학생의 바른 태도다.

생각하는 자만이 강하다. 생각하는 자에게만 미래가 있다.

대학교 때 수강 시간표를 짰는데 1, 2교시는 문과대학 건물에서, 3, 4교시는 사회과학대학 건물에서 강의가 있었다. 쉬는 시간 10분 만에 장애인인 내가 문과대학에서 사회과학대학까지 이동해 수업에 참여하는 것은 거의 불가능했다. 헐떡대며 사회과학대 강의실에 들어가 보면 교수님은 벌써 교탁에 서 계셨고, 강의실은 이미 학생들로 꽉 들어차 있었다. 늘 맨 뒷자리밖에 남아 있지 않아서 거기에 앉아 수업을 들었는데, 뒷좌석이라 떠드는 학생이 많다 보니 강의 내용에 집중할 수가 없었다.

그래서 나는 이 난관을 해결할 방법을 생각했다. 생각하면 길이 열리는 법. 시간표를 보니 사회과학대학 강의실은 1, 2교시가 비어 있었다. 좋은 아이디어가 떠올라 당장 실행에 옮겼다. 나는 다음날 1교시 수업을 들어가기 전에 사회과학대학 건물에 있는 강의실로 먼저 가서 가장 앞자리에 노트와 필기구, 잃어버려도 좋은 책 몇 권을 얹어 놓은 뒤 문과대학으로 강의를 들으러 갔다.

그리고 문과대학 수업이 끝나고 난 뒤 다시 사회과학대학으로 목발을 짚으며 서둘러 갔다. 예상대로 강의실은 이미 꽉 차 있었다. 하지만 난 아무 걱정할 필요가 없었다. 맨 앞에 잡아둔 내 자리는 오롯이 비어 있었기 때문이다. 학기 내내 고정좌석이 된 그 자리에 앉아 나는 집중해서 강의를 들을 수 있었다. 이것이 생각의 힘이다. 아무리 어려운 상황이 닥치더라도 생각이란 무기만 갖추고 있다면 아무 걱정할 필요가 없다.

생각하는 자만이 불가능을 이겨낼 수 있다.

질문 있습니다!

강화도에서 출발한 시외버스가 덜컹거리며 김포를 지나 서울로 진입했다. 여기저기 건물들이 솟아 있고, 도로에는 사람들이 쏟아져 나와 바쁘게 움직이고 있었다. 버스 안에서 창밖을 내다보던 다섯 살짜리 호기심 많은 소년은 갑자기 뒤로 돌아 뒷자리에 앉아 있던 삼촌에게 큰 소리로 물었다.

"삼촌! 삼촌! 오늘 장날이야?"

강화도 시골에 살던 소년에게 사람이 북적거리는 서울의 모습은 장날 풍경 같았기 때문이다. 뒤에 앉은 삼촌은 그 질문이 창피했는지 얼굴을 붉혔다. 대답이 없자 소년은 다시 한번 물었다.

"삼촌! 오늘 장날이냐고?"

다섯 살짜리 어린 소년은 호기심도 궁금한 것도 많았고 그때마다 주위에 이것저것 물어보았다. 궁금한 걸 못 견뎠을 뿐만 아니라 알고 싶은 게 너무 많았기 때문이다. 그때마다 어른들은 나름 성실하게 대답해 주었고 그 대답을 통해 소년은 생각의 영역을 넓혀갈 수 있었다.

그 어린 소년은 바로 나다. 내가 궁금한 것이 많았던 이유는 장애를 가졌기 때문이기도 했다. 장애를 가진 소년이 경험하거나 체험할 수 있는 것들은 한정되어 있다 보니 자꾸 물어볼 수밖에.

이렇게 뭐든 질문하는 습관은 초등학교 때까지도 이어졌다. 조금은 귀찮으셨던 걸까, 아니면 궁금해하는 것들이 수준이 높아져서였을까, 어느 날 아버지가 퇴근해서 돌아오시면서 국어사전 하나를 사 오셨다.

"자 궁금한 건 사전을 살펴봐라. 사전에 다 나와 있다."

그 이후로 나의 궁금증은 사전을 통해서 해소되기 시작했다. 모르는 것들은 사전을 찾으면 답이 나와 있었다. 이내 국어사전에서 백과사전으로 지식의 범위가 점점 더 넓혀졌다.

내가 초등학교 다닐 땐 가끔 학교에 책장수들이 와서 책을 판매하곤 했다. 아이들이 책을 사겠다고 이름과 주소와 전화번호를 적으면 집으로 책을 보내주는 방식이었다.

부모님들은 대개 자녀가 학교에서 책을 사면 말없이 책값을 지불해 주셨다. 우리 부모님도 마찬가지였다. 그때 내가 사고 싶었던 책은 두께가 15cm 정도 되는 《학생대백과》였다. 초등학교에서 배워야 할 지식들을 모두 모아 놓은, 당시엔 제법 규모가 있는 백과사전이었다. 그림과 글들이 어우러져 있고 다양한 지식들이 담겨 있어 그 백과사전은 나의 호기심을 충족시키기에 충분했다. 한동안 그 책을 끼고 살았다. 그때 내 생각의 깊이가 꽤 깊어지고 넓어졌다.

지금도 나는 궁금한 것이 있으면 누구에게든 물어보는 걸 두려워하지 않는다. 학교에 가면 학생들에게도 묻는다.

"너희 요즘 무슨 어플 쓰니?"

"내 책 읽고 혹시 이상하다거나 말이 안 되는 부분은 없었니?"

아인슈타인도 말했다. "무엇보다 중요한 것은 질문을 멈추지 않는 것이다."

그런데 우리나라 사람들은 질문을 하지 않는 것으로 유명하다. 학교에서 강연하다 보면 학생들도 쉽사리 질문하지 않는다. 유치원 시절엔 "이건 뭐야?"라며 이것저것 물어보며 성가시게 굴던 아이들이 초등학교에 들어가고 중학생이 되면서부터는 더 이상 무언가를 궁금해하지 않고, 질문하는 것도 두려워한다.

한번은 오바마 대통령이 우리나라에 왔을 때 특별히 한국 기자들에게만 질문할 기회를 주었다.

"자, 이번에는 한국 기자들에게 질문할 기회를 주겠습니다."

그러면 한국 기자들은 기회는 이때라는 듯이 손을 번쩍 들고 질문해야 했다. 세계 제일의 패권국 최고 지도자인 미국 대통령에게 질문한다는 것은 그 사람 개인에게도 큰 영광이 아닐 수 없으니 말이다. 그러나 창피하게도 이때 한국 기자들은 꿀 먹은 벙어리가 되었다. 누구도 손들고 질문하려 하지 않았다. 이에 분위기가 썰렁해지고 있을 무렵 옆에 있던 중국 기자가 나섰다.

"저는 한국 기자가 아니지만 아시아를 대표해서 질문해도 되겠습니까?"

그러자 오바마 대통령은 거절했다.

"아닙니다. 나는 한국 기자에게 질문할 기회를 주었습니다."

그런데도 한국 기자 중에 누구도 손들고 질문하는 사람이 없었다. 결국 질문할 기회는 중국 기자에게 넘어갔고 중국 기자는 궁금했던 것을 당당하게 물었다.

나는 이날이 '우리나라 지식 세계의 국치일(國恥日: 국가의 치욕

스러운 날)'이라고 생각한다. 우리 사회에서 기자가 된다는 것은 엘리트 중에서도 최상의 엘리트여야만 가능한 일이다. 외국어 실력은 물론이고 해박한 지식과 비판력을 가진 사람만이 도전할 수 있는 영역인 것이다. 그들의 생각의 깊이가 곧 나라의 여론이기도 하다. 그런데 미국 대통령에게 질문할 절호의 기회를 발로 뻥 차버린 것이다.

이러한 일이 생긴 데에는 물론 여러 가지 이유가 있을 것이다. 하지만 나는 이것을 질문하지 않는 우리 사회의 문화 때문이라고 생각한다. 나는 학교 다닐 때도 수업이 끝나고 선생님이 나가시려고 할 때쯤 꼭 질문을 하곤 했다. 그러면 같은 반 아이들은 일제히 짜증을 냈다. 수업 빨리 끝내고 나가서 놀고 싶은데 내가 질문을 해서 계획이 어그러졌기 때문이다. 그러나 나는 궁금한 게 있으면 그 자리에서 물어봐야 직성이 풀렸다. 궁금한 게 풀려야 생각이 넓어지는 것 아닌가?

이런 나의 습관은 대학 때도 몇 번 비슷한 해프닝을 만들었다. 오래전에 서울대학교 사학과 원로 교수님의 식민사관에 대한 강연을 들으러 간 적이 있었다. 천주교 주교회에서 주최한 점잖은 강연이었다. 과거 일제강점기 때의 역사를 돌이켜 생각하고 일본을 상대로 우리는 역사의식을 가지고 깨어 있어야 한다는 좋은 강연이었다. 그런데 나는 의문이 생겼다. 역사의식을 가지고 깨어 있어야 하는 것은 누구나 아는 이야기인데, 그러면 지금 당장 우리가 해야 할 일은 무엇이란 말인가? 강연하는 사람이라면 우리가 실천해야 할 것들에 대해서 한두 가지라도 알려주어야 하는 게 아닌가 싶었다. 그래서 나는 과감하게 손을 들었다.

"질문 있습니다."

강의를 끝내고 내려가려던 교수는 순간 당황해하는 기색이 역력했다.

"역사의식을 가지고 깨어 있어야 한다는 말씀 잘 들었습니다. 그러려면 지금 당장 우리가 해야 할 일이 무엇인지 말씀해 주실 수 있을까요? 역사의식을 가지기 위해 저희가 해야 할 일이 무엇인지 말씀해 주십시오. 궁금합니다."

교수님이 당황해하자 사회자가 나섰다.

"아, 이번 강의는 질문받는 시간이 없습니다."

질문받는 시간이 없다는 말에 청중들이 술렁거리자 교수가 다시 연단에 올라왔다. 당황한 눈치가 역력한 교수는 뭐라 뭐라 얼버무렸지만 나의 질문에 맞는 정확한 대답은 해 주지 못했다. 안타깝게도 나는 그 강연을 듣고 새로운 생각이나 새로운 행동 지침을 얻지 못했다.

생각할 줄 알아야 질문할 수 있다. 역으로 질문은 생각을 이끈다. 궁금한 건 서슴없이 물어보자. 알고 싶은 건 무엇이든 물어보자. 올바른 어른이라면, 올바른 선생이라면 그런 열정을 절대 '한심한 질문'이라고 지적하지 않는다. 오히려 격려해 줄 것이다.

입시 위주의 교육에 찌들어 '질문하는 법'을 잊어버린 우리 어린이와 청소년들에게 말한다. 손을 번쩍 들고 질문해라. 나는 내 강의 현장에서 질문하는 손이 가득가득 올라오는 걸 보는 게 꿈이고 소망이다. 왜냐하면 질문하는 아이들이 많을수록 생각하는 아이가 많다는 것이고, 생각하는 사람만이 발전할 수 있기 때문이다.

생각은 즐겁고
보람 있다

"선생님은 요즘 어떤 것에 관심 있으세요?"

오랜만에 만난 출판사 사장이 나에게 물었다.

"요즘 명언이나 격언에 관심이 많습니다."

"왜 그러시죠?"

"강연하면서 아이들이 강연 내용을 지루해할 때 명언이나 격언 같은 걸 얘기해 주면 아주 좋아하거든요. 강연할 때 저는 스무 개 정도의 명언과 격언을 인용해 가며 이야기합니다. 그러면 학생들이 그 명언을 적어 두었다가 자기 걸로 만들기도 하고요."

"하하 선생님, 그러면 그 명언들을 책으로 내는 건 어떨까요?"

불쑥 제안이 들어왔다. 허를 찔린 나의 대답은 이거였다.

"생각 좀 해 보겠습니다."

생각을 해 보겠다는 건 기획안을 만들어 보겠다는 뜻이다. 우리는 누가 제안을 하면 여러 가지로 답할 수 있다. '안 돼', '좋아', '싫어' 등등의 대답이 있겠지만 그 가운데 하나가 생각해 보겠다는 것이다.

이 말에는 여러 가지 의미가 있다. 완곡한 거절이 가장 주된 의미이다. 곤란하거나 피하고 싶을 때 생각해 보겠다고 해 놓으면 자연스럽게 거절하는 것이 된다.

그러나 출판사 사장의 제안 같은 경우에는 정말 생각해 봐야 할 일이었다. 당장 그 자리에서 결정할 수 있는 일이 아니기 때문이다. 출판사에서 책을 한 권 낸다는 건 나의 시간과 노력도 들어가지만, 출판사 입장에서도 그림을 그리고 책을 편집하고 제작하는 등 투자가 필요하기 때문이다.

집에 돌아온 뒤 나는 그 제안에 대해 생각하기 시작했다. 대개 이런 생각들은 다음과 같이 하게 된다.

첫 번째, 책을 내는 목적이 무엇인지를 생각해야 한다. 명언을 통해서 어린이와 청소년들의 삶을 좀 더 풍성하게 만들어 준다. 좋은 목적이 아닐 수 없다. 그다음에 생각해야 할 것은 이미 나와 있는 책들과 어떻게 달라야 하는가를 고민해야 한다. 그러기 위해서는 최근에 나온 다양한 자료들이 필요하다. 대형 서점 온라인 홈페이지에 들어가서 검색해 보고 필요하다면 직접 나가 책을 검토해 봐야 한다. 어떤 책이 나와 있는지, 그 책과 다르게 만들려면 무엇을 어떻게 해야 하는지 등 엄청나게 많은 고민이 필요하다.

그렇게 해서 어떤 방향으로 쓸 것인지가 결정되면 그다음에는 어떤 형식이어야 하고, 어떤 내용이 들어가야 하나, 목차는 어떻게 구성해야 하나를 생각해야 한다. 책 작업은 그런 면에서 매우 창의적인 작업인 셈이다.

그렇게 해서 목차가 만들어지면 그다음에는 이 책을 냈을 때 어떤 효과가 있을지를 생각해야 한다. 독자가 재미있다고 느껴야 하고, 읽기 쉽게 해야 한다. 머리에 잘 들어오고 이해하기 쉽게 하기 위해 그림을 넣기도 한다.

하지만 예상되는 효과가 좋다고 여겨져도 여기에서 끝나는 것이 아니다. 또 다른 생각들이 필요하다. 원고를 쓰는 데 시간이 얼마나 걸릴지, 어떤 식으로 쓸 것인지도 생각해야 한다. 적절한 기간 동안 너무 늦지도, 너무 서두르지도 않으며 원고를 작성해야 한다. 그런 뒤에는 또 다른 생각이 꼬리에 꼬리를 문다. 과연 이 책을 만드는 데 비용은 얼마나 들 것인가? 몇 부를 찍어서 배포할 것인가? 이것을 우리는 기획안이라고 한다.

생각에 생각이 꼬리를 물고 끊임없이 새로운 생각을 만들어 내며 기존 생각을 지우면서 목적을 향해 나아간다.

어디 그뿐인가. 그다음에는 샘플로 몇 꼭지 원고를 써 보아야 한다. 직접 써 보는 것이야말로 생각의 응축된 덩어리이다. 문장 하나하나, 표현 하나하나, 구성 하나하나가 생각의 결과물이기 때문이다. 또 어떤 걸 지우거나 새로운 걸 보충하는 것도 생각에 의해서 이루어진다. 끊임없이 머리를 써야 하는 것이다.

샘플 원고가 만들어지면 그 샘플을 출판사에 보내고, 출판사와 수정과 논의를 거쳐 출판을 결정한다. 출판을 결정하는 것도 깊이 있는 생각을 나누는 일이다. 과연 이 책이 아이들에게 사랑받을 수 있을지, 부족한 것은 무엇인지, 쓸데없는 부분은 무엇인지…. 이렇게 해서 책을 쓰기로 결정하면 그때부터 본격적인 작업이 시작된다.

원고를 다 써도 생각은 끝이 나질 않는다. 그림이 들어와야 하기 때문이다. 그림 작가가 엄청나게 많은 고민을 해서 그려 온 그림을 보면서 또 생각한다. 넣을 것인지 말 것인지, 수정해야 할지 말아야 할지, 색깔을 바꿀 것인지 구도를 바꿀 것인지….

결국 우리 삶에서 무언가를 하거나 만들거나 행동하는 것은 모두 생각이 있어야 가능한 일이다. 어려서부터 생각하고 사고력을 기르는 것이 왜 중요한지 알 수 있다. 이런 과정을 귀찮아하는 사람을 생각 없는 사람, 단순한 사람, 무식한 사람이라고 이야기한다. 물론 책이 나와도 생각해야 할 것은 너무나 많다. 어떻게 판매할지, 어떻게 학생들에게 알릴지 등등.

그렇지만 생각은 즐겁고 보람 있다. 머리에 열이 나도록 생각을 했기 때문에 마침내 책이 나오고, 그 책을 통해 학생들이 책을 읽고, 감동받고, 또 다른 생각을 할 수 있게 해 준다. 이 책도 그런 수없이 많은 생각을 통해 만들어진 것이다. 여러분들에게 외면받지 않았으면 좋겠다.

작가들의 글 하나하나는 끝없는 생각의 결과물이니 무시하지 않길 부탁한다. 도서관에 그득 쌓인 책은 종이 뭉치가 아니고 생각의 뭉치이다. 삶은 결국 생각인 것이다.

생각에
길이 있다

생각은 힘이 세다. 생각을 거듭하다 보면 보다 빠르고 좋은 해결 방법을 찾을 수 있다. 또한 더 나은 삶을 보장한다.

우리나라에서 제일 많은 책을 출간한(298권: 2020년 7월 현재) 나의 글쓰기 과정에도 끝없이 많은 변화가 있었다. 처음 글을 쓸 때만 해도 연필로 습작 노트에 깨알같이 작은 글자로 초고를 쓰고, 그러고 나서 초고를 충분히 고치고 난 뒤에 원고지에 다시 옮겨 썼다. 그렇게 옮기는 걸 정서라고 한다. 정서한 글도 다시 여러 번 수정하고 그렇게 수정한 원고를 출판사에 넘기곤 했다.

그러는 사이에 각 가정에 컴퓨터가 보급되고, 출판사도 컴퓨터로 작업하는 환경으로 바뀌면서 나도 더 이상 연필로 원고를 쓰지 않게 되었다. 처음엔 자판을 하나하나 누르는 속도가 느리고 익숙하지 않아서 생각하는 대로 글이 써지지 않아 불편했지만 곧 자판이 손에 익자 정말 편하다는 생각이 들었다. 얼마든지 원고 수정이 가능했기 때문이다.

하지만 컴퓨터로 글을 쓰면서도 나는 계속 생각했다.

'좀 더 빠르게 좀 더 쉽게 글을 쓸 수 있는 방법이 없을까?'

나의 머릿속에서 빠르게 전개되는 작품 구상을 타이핑으로는 도저히 받아 칠 수 없게 되자, 나는 다시 생각하게 되었다. 그러자 기발한 아이디어가 떠올랐다.

'그래. 내가 생각하는 걸 녹음하는 거야. 녹음한 걸 듣고 누군가가 입력해 주면 되잖아.'

그렇게 해서 나는 카세트테이프에 생각나는 대로 이야기를 녹음하기 시작했다. 그리고 그 녹음테이프를 타자가 빠른 아르바이트생을 고용해 입력시키고 입력이 완료되면 이메일로 텍스트 파일을 받았다. 그럼 그 생각들을 정리해서 원고로 만들어나갔다. 이 방법은 매우 획기적이었다. 그렇게 작업 방법을 바꾼 후 나의 글쓰기 속도와 출간할 수 있는 원고량은 대폭 늘었다. 물론 창작 시간도 절약되었다.

사람들은 내게 어떻게 그렇게 많은 책을 쓰면서 강의도 하고, 여행도 다니느냐고 묻는다. 그게 다 말로 녹음해서 글을 쓰기 때문에 가능한 것이다. 덕분에 아이디어가 떠오르는 대로 수시로 원고가 만들어지고, 그러다 보니 남들이 하루 종일 쓸 것을 한 시간이면 쓴다. 덕분에 남는 시간에는 독서도 하고 사람도 만나고 연극이나 영화도 볼 수 있다.

그러나 녹음테이프를 쓰는 방식도 문제가 있다. 매번 입력 알바생을 만나거나 우편으로 녹음테이프를 보내야 하기 때문이다. 나는 다시 생각하기 시작했다. 더 효율적인 집필 방법은 없을까 하고 말이다.

생각 끝에 나는 MP3 녹음 파일로 보내면 되겠다는 생각을 하게 됐다. 그때부터 입력자와 나는 직접 만나지 않아도 되었다. MP3 음성파일을 메일로 보내면 그걸 듣고 입력해 주면 되기 때문에 시간이 더 절약됐다. 이것 또한 정말 훌륭한 방식이었다.

하지만 나는 여기에 만족하지 않았다. 좀 더 좋은 방법이 없을까 고민했다. 알바생이 내 녹음 파일을 듣고 입력하는 시간도 아까웠던 것이다. 작품에 대한 영감이 떠올랐을 때 바로바로 수정하고 이야기로 구성하고 싶은데, 텍스트 파일이 올 때까지 기다리려니 답답증이 생기는 것이었다.

'내가 말하는 대로 바로바로 입력되면 얼마나 좋을까?'

나는 또 생각에 생각을 거듭했다. 그때 창직 전문가 정은상 씨가 스마트폰을 들고 나에게 일러주었다.

"요즘 누가 손가락으로 입력합니까? 말로 하면 스마트폰이 알아서 쳐줘요."

그건 정말 굿 뉴스였다. 그 후 나에게 새로운 도움을 주는 존재가 있었으니, 바로 인공지능이다. 인공지능은 내가 말을 하면 그 음성신호를 빅데이터의 음성자료와 비교해서 바로 문자로 입력해 준다. 들고 있는 핸드폰이 인공지능 단말기인 셈이다. 그때부터 나는 모든 원고를 인공지능으로 쓰기 시작했다. 지금 이 글도 인공지능으로 쓴 것이다. 발전된 기술이 사람들의 생각의 결과라면, 나는 그 생각의 결과로 발전된 기술을 이용하고 있는 것이다.

문제가 있으면 해결책이 있다. 그 해결책은 생각해야만 찾을 수 있다.

외국에선 중고등학생밖에 안 된 사람이 벤처사업가가 되기도 하고, 한 기업의 자문위원이 되기도 한다. 일례로 미국의 트럼프 대통령을 쏘아본 걸로 유명한 소녀 툰베리가 있다. 미국 시사주간지인 〈타임〉이 선정한 올해의 인물이기도 하다. 툰베리는 고작 열여섯 살로 기후변화에 대해 경각심을 일으켰다. 유엔 회의 연설에서는 각국 대표들에게 미래 세대를 대신해서 이렇게 호통치기도 했다.

"당신들의 거짓말이 나의 꿈과 어린 시절을 빼앗아 갔습니다."

다른 청소년들이 지구환경 파괴에 대해 아무런 생각도 하고 있지 않을 때 툰베리는 좋은 방법이 없을까를 고민했고 대처 방안을 생각하며 경각심을 일깨우기 위해 나섰다.

그뿐만이 아니다. 열네 살이란 어린 나이에 '자기 힘으로' 30억을 번 소년도 있다. 하비 밀링턴이라는 소년이 6,000만 원에 구입한 땅이 한 부동산 업자에게 팔렸는데 그 가격이 무려 30억 원이었다. 그런데 어쩌다 운 좋게 그렇게 많은 돈을 번 게 아니라는 사실이 더 놀랍다.

하비는 열세 살에 이미 사업을 시작했다. 자동차세 납부를 정부가 전자 시스템을 도입해 고지하자 이에 적응이 안 된 사람들이 마감을 어겨 무더기로 범칙금을 냈다. 이걸 보고 하비는 알아서 기한을 알려주는 디스크를 개발키로 했다. 이런 생각을 한 아들에게 아빠는 300만 원의 사업자금을 지원했다. 이 사업으로 하비는 1년여 만에 1억 5,000만 원을 벌었다. 이렇게 번 돈으로 고급 캠핑장 사업을 하기 위해 마을 인근의 땅을 샀고 얼마 후 그 땅을 사고 싶어 한 부동산 업자에게 30억 원이라는 거금을 받고 땅을 되판 것이다.

그뿐만이 아니다. 열한 살밖에 안 된 미국 소년 모지아 브리지스는 나비넥타이 하나로 완전히 스타가 되었다. 심지어 이

소년은 자기 브랜드도 가지고 있다. '모스 보스'라는 나비넥타이 브랜드가 모지아의 것이다. 돈을 많이 벌어 아동복 업체를 세우고 싶다고 생각한 모지아는 아홉 살에 나비넥타이 만드는 법을 배웠고, 지금은 취미로 바느질을 하며 온종일 넥타이를 만든다.

꿈을 이루는 건 나이와는 상관없다. 생각만 있으면 된다. 모지아는 자신이 번 돈으로 장학재단을 설립해서 또래들에게 장학금도 지원하고 있다.

5장 '꿈'꾸는 대로 이루어진다

나답게 살면
진짜 꿈을 만난다

꿈은
노력을 즐겁게 한다

중학교 2학년 때 일이다. 당시 영어 선생님은 신경질적인 여 선생님이었다. 체벌이 허용되던 시절, 그분은 커다란 골프채를 잘라서 들고 다녔다.

그건 들고 있는 것만으로도 효과가 좋았다. 그 골프채로 학 생들을 때리는 건 한 번도 보지 못했지만, 그 포스만은 함부로 범접할 수 없었다. 하지만 차가운 인상의 선생님은 아이들에게 영어를 가르치며 간혹 따뜻한 말도 해 주곤 했다.

한번은 시험을 앞두고 아이들이 자습 시간에 공부할 게 너 무 많다며 시험에 나올 것만 찍어 달라고 애원했다. 선생님은 그런 아이들에게 이렇게 말했다.

"애들아. 시험 잘 보는 방법이 뭔지 아니?"

"샘이 찍어 주시는 거요!"

"공부는 무식하게 해야 돼. 시험에 나올 것만 골라서 공부하는 건 공부가 아니야. 뭐가 걸릴지 몰라서 악어가 무식하게 입에 들어오는 건 뭐든 다 먹어 버리는 것처럼 하는 게 공부 잘하는 비결이란다."

그때만 해도 나는 그 말이 무슨 말인지 몰랐다. 요령껏 시험에 나올 것만 찾아 공부하면 시간도 절약되고 쉬울 거라고 생각했다.

작가가 되고 나서 나는 오래도록 세상에 남을 좋은 명작을 남기는 것만이 중요하다고 생각했다. 그것이 나의 꿈이었다. 그러나 불후의 명작이 어디 그렇게 쉽게 나오는가. 힘을 다해 작품을 쓰고 책을 내지만 실패를 경험할 때도 있다. 물론 달콤한 성공도 경험했다.

나는 1년에 한두 편 정도 책을 발간하는 작가였다. 다른 작가들에 비하면 아주 적은 건 아니지만, 그걸로는 가족을 부양하며 생활할 수가 없었다. 책이 안 팔릴 수도 있기 때문이다. 아니 주로 안 팔렸다.

그때 나는 장사가 잘되는 가게를 눈여겨보았다. 장사가 잘되는 가게는 물건을 많이 갖다 놓았다. 그리고 어떤 손님이 와서 어떤 물건을 찾더라도 척척 내주었다. 물론 그중에 잘 팔리는 물건은 잘 나갔지만 대부분의 물건은 그날 하루 종일, 아니 한 달 내내 그 자리를 지키고 있는 경우가 더 많았다. 나는 그 가게 주인에게 물었다.

"다 신경 쓰시려면 힘드실 텐데, 많이 팔리는 물건만 갖다 놓으시지 그러세요."

"나도 그러고 싶지요. 그런데 손님이 어떤 물건을 찾을지 모르는데 어떻게 잘 팔리는 것만 골라서 갖다 놓는단 말이오."

벼락에 크게 한 방 맞은 것 같았다.

그거였다. 인해 전술 전략. 무식한 악어 전략. 그때부터 나는 영감이 떠오르거나, 책을 써달라는 부탁을 받거나, 기획안이 들어오면 거절하지 않고 미친 듯이 써댔다. 어떤 사람들은 다작한다고 손가락질하기도 한다. 그도 그럴 것이 한 달에 한 권씩 책을 낸다고 '월간 고정욱'이라는 별명까지 얻었으니 무슨 말이 더 필요하겠는가. 하지만 꿈을 이루려면 노력해야만 한다. 많이 쓰다 보면 좋은 작품이 나올 수 있다는 신념이 있기 때문이다.

꿈을 이루려면 수없이 많은 노력을 해야 한다.

바흐는 천 곡 넘게 작곡했는데, 사람들은 그가 숨겨 놓은 것과 발표하지 않은 곡들까지 포함하면 3천 곡 이상 썼을 것이라고 한다. 슈베르트는 가곡으로 유명한데 그 역시도 600곡 이상 썼다. 피카소는 더 지독하다. 유화와 드로잉 1만 3,500점, 판화 100,000점, 삽화 3만 4,000점을 그렸다고 한다. 게다가 도자기도 300점 이상 만들었다.

이처럼 천재는 엄청난 노력으로 만들어지는 것이다. 부족하지만 나도 열정을 다해 1년에 10권에서 20권 정도의 책을 발간한다. 그중 성공하는 책은 겨우 한두 권이 고작이다. 그래도 나는 실망하지 않는다. 꿈을 이루려면 지금보다 더 노력해야 한다. 끊임없이 허공에 돌멩이를 던지다 보면 언젠가 날아가는 새를 떨어뜨릴 날도 있지 않겠는가.

장애인 스타
발굴하기

어느 날 지원이 아빠가 나에게 전화를 걸어 왔다.

"선생님, 지원이가 한국예술종합학교에 지원합니다. 많이 기도해 주세요."

나는 깜짝 놀랐다. 지원이라면 내가 쓴 《민요 자매와 문어 래퍼》의 주인공이다. 윌리엄스 증후군이라는 독특한 장애를 가진 지원이는 아름다운 국악 소녀다.

초등학생인 동생 송연이와 함께 전국을 누비며 학교와 단체 등에서 국악 공연을 하고 노래를 부른다. 자매가 함께 부르는 민요는 얼마나 듣기 좋은지, 듣고 있노라면 사람을 황홀하게 한다. 그렇게 사랑스러운 지원이가 고3이 되었는데 우리나라 최고의 예술인을 길러내는 한국예술종합학교에 응시했다는 것이 아닌가.

"꼭 합격하기를 기원할게요."

생각할수록 멋진 일이다 싶어 가슴이 뛰었다.

나는 작가 생활을 하면서 많은 장애인 스타를 책을 통해 발굴해 냈다. 네 손가락의 피아니스트 희아를 비롯해 서울대학교 음대에서 피아노를 치는 들림이, 화가 한부열 군 등. 어디 그뿐인가 장애와 관련된 이야기가 있으면 최고의 작품으로 만들어 내려 고군분투한다. 개그맨 윤정수 씨의 부모님이 청각 언어장애인이라는 이야기를 듣고 그의 어린 시절을 소재로 책을 쓰기도 했다.

내가 이렇게 장애인 스타를 발굴하려고 하는 건 그만큼 절실하기 때문이다. 이 세상을 장애인이 차별받지 않는 더불어 사는 세상을 만들기 위해서다. 그러려면 좋은 본보기가 있어야만 한다. 그래야 장애인에 대한 인식이 바뀌고, 서로를 이해하는 폭도 넓어진다. 더욱이 예술이라는 장르는 힘이 세서 모든 사람을 하나로 만들어 주는 에너지를 발산한다.

지금은 중국이 거대한 경제력을 가진 나라로 성장했지만 내가 어린 시절에만 해도 그렇게 잘사는 나라가 아니었다. 공산주의 국가이다 보니 내 것이라는 생각이 들지 않아 열심히 일하지 않은 거다. 여러 명이 일하는 커다란 농장에서 나온 소출이 형편없이 적은 이유가 바로 그것 때문이었다.

이런 중국을 잘살게 만든 것이 덩샤오핑이라는 정치인이다. 그는 인구 10억 명이 넘는 거대한 중국을 모두가 잘살게 할 수 없다는 것을 알고 있었기에 동쪽부터 먼저 개발하는 정책을 폈다. 일단 동쪽이 잘 사는 걸 보면 나머지 내륙과 서쪽도 함께 노력해 발전을 이루고, 그러다 보면 점차 모두가 잘살게 될 거라는 생각에서였다.

중국의 경제 발전 상황을 되돌아보면 덩샤오핑의 이론이 어느 정도 맞아떨어지고 있다. 상하이나 북경, 홍콩 등은 어마어마한 부와 현대 문명의 혜택을 누리고 있다. 물론 빈부 격차가 문제가 되고 있긴 하지만 분명한 것은 열심히 노력해서 일하면 잘살 수 있다는 생각을 심어 준 거다.

생각을 바꾸고 열심히 노력할 수 있게 한 건 모두 다 본보기가 있어서다.

장애인인 내가 작가가 되고 전국에 강연을 다니니 장애가 있는 수없이 많은 청소년이 작가를 꿈꾸게 되었다. 간혹 학교에 갈 때면 자기가 쓴 작품을 휠체어에 앉은 채 내미는 학생도 있고, 기념촬영을 하자는 학생도 있다. 그럴 때마다 나는 우선 내가 쓴 책을 한 권 선물로 준다. 격려해 주고 싶은 마음 때문이다. 나는 어느새 장애를 가진 아이들에게 스타가 되었다. 이는 물론 비장애 아이들에게도 마찬가지다. 작가가 되고 싶다고 작품을 보내오거나 이메일을 보내오면 가급적 답장을 해 주려 애쓴다. 나를 롤모델이라고 생각하며 노력하는 아이들이기 때문이다. 아이들에겐 롤모델이 필요하다.

장애인을 독려하는 방법 중에 동료 상담이라는 것이 있다. 똑같은 처지인 장애인 동료들이 와서 자신이 앞서 경험했던 것을 이야기해 주는 것이다. 내가 지원이와 동생인 송연이 이야기를 책으로 쓴 것도 이와 비슷한 이유에서다. 물론 내 책을 읽는 독자들은 대부분 비장애인이다. 비장애 아이들이 지원이와 송연이가 얼마나 노력하면서 살고 있는지를 알면 그동안 장애인에게 가졌던 여러 가지 편견을 깰 수 있고, 장애를 가진 친구들의 삶에 응원을 보내게 될 테니 말이다. 더 나아가서 장애를 가진 친구들은 이 이야기를 접하고 꿈과 희망을 가질 수도 있을 것이다. 어떤 학생은 국악에 관심을 가질 수도, 랩퍼를 꿈꿀 수도 있는 것 아니겠는가.

그래서 장애인 스타를 발굴하려는 나의 노력은 지금도 꾸준히 이어지고 있다. 어린이, 청소년들에게 롤모델 혹은 경쟁자나 라이벌을 만들어 주기 위해서이다.

얼마 후 지원이 아버지에게서 연락이 왔다. 지원이가 한예종 시험에서는 떨어졌지만 천안에 있는 나사렛대학교에 합격했다는 것이다. 나는 합격을 축하해 주었다. 지원이가 대학을 나와 활발하게 활동하게 되면 또 얼마나 많은 사람에게 큰 희망과 용기를 주게 될 것인가. 장애인 스타인 민요 자매 지원이와 송연이의 건투를 빌어 본다.

《삼국지》의 잃어버린 퍼즐

중국 서점에서 《삼국지》를 구매하는 건 쉬운 일이 아니었다. '삼국지'라고 서툰 발음으로 말하니 서점 주인의 당황하는 표정이 역력했다. 한자로 써주었는데도 이해하지 못하는 걸 보니 뭔가 잘못된 것이 분명했다. 잠시 후 같이 간 일행이 서가에서 책을 찾아냈다. 책 제목은 《삼국연의》였다. 우리가 알고 있는 《삼국지》가 중국에서는 《삼국연의》다.

흔히 《삼국지》를 읽지 않은 사람과는 대화를 하지 말라는 말이 있는데, 그 《삼국지》가 바로 소설 《삼국연의》를 말하는 것이다. 우리는 흔히 《삼국지》에 나오는 사건과 주인공을 당시 실제로 있었던 역사와 동일시하고 있다. 그러다 보니 많은 오류를 접하게 된다. 주인공이 왜 조조가 아니고 유비인가? 정사가 아니라 소설이기 때문이다. 또 신선과 귀신은 왜 그리 많이 나오나? 구전설화가 곳곳에 삽입되어 있기 때문이다.

수천 년간 전쟁으로 쌓아 올린 탑이 오늘날 중국의 역사다. 그 쌓다 남은 역사의 한 단면으로 다시 쌓은 탑이 우리가 아는 《삼국지》다. 읽다 보면 앞뒤가 맞지 않는 부분이나 과연 정말로 그랬을까 싶은 이야기들이 한두 개가 아니다. 귀신들로 이루어진 군대를 이끌고 수많은 군사들을 죽였다거나 죽은 관우귀신이 살아 있는 원수들을 죽인다든가 하는 것들 말이다. 소설이니까 그러려니 하고 앞뒤 안 맞는 서사구조도 참아 가며 우리는 그동안 《삼국지》를 읽어 왔다. 그건 마치 많이 잃어버린 조각들로 퍼즐을 맞추는 기분이었다.

《위안텅페이 삼국지 강의》는 바로 그런 어려움을 해소해 주기 위한 책이다. 위안텅페이는 우리나라로 치면 인기 있는 역사 강사이다. 중국의 역사를 쉽게 풀어 해설해 주는 이야기꾼인 그는 《삼국지》에 있는 역사 내용과 허구적 내용을 해박한 지식과 통렬한 풍자로 설명해 준다. 무려 51강에 걸쳐 《삼국지》에 대한 직설을 쏟아 낸 강의 내용이 바로 이 책에 실려 있다.

이 책은 세 가지 특징이 있다. 먼저 《삼국지》의 내용을 소개하면서 역사와 비교해 가며 어느 게 진실인지를 자기만의 시각으로 해석해 낸다. 일례로 《삼국지》에서 주유는 굉장히 속이

좁고 졸렬한 인물로 나온다. 그러나 위안텅페이의 책에서는 그 모든 것들이 허구이며 실제로 주유는 놀라운 영웅이었음을 알려 준다.

두 번째 중요한 것은 이 책이 제시하는 시각이다. 예를 들어 우리는 《삼국지》의 발원이 된 '황건적의 난'을 누런 수건을 머리에 두른 도적들이 일으킨 반역으로 알고 있다. 그러나 이는 어디까지나 중국 중앙정부의 시각일 뿐이다. 위안텅페이는 그들을 '황건군'이라 부른다. 정사에서는 그들이 실패한 반역자들이기에 '적(賊)'이 되었지만, 그들이 대권을 잡았더라면 바로 정사의 주인공이 되었을 것이기 때문에 군(軍)이라는 단어를 사용한 것이다. 이는 저자의 놀라운 균형감각에 의한 역사 해설이라 하지 않을 수 없다.

세 번째는 흥미로운 역사 성찰이다. 단적인 예로 유비의 신분에 대한 의문 제기다. 유비는 중산정왕 유승의 후손이라고 알려져 있다. 하필이면 유승의 후대를 자청한 이유는 무엇일까? 유승은 120명의 자식을 두었다. 그리하여 후대로 내려갈수록 그 자손들은 기하급수적으로 퍼져 나가 그들의 혈족이 얼마나 어디까지 퍼졌는지 아무도 알 수 없다.

따라서 위안텅페이는 유비의 신분을 정확하게 파악할 수 없다고 하며 유비의 출신성분에 대해 신랄하게 풍자한다. 한마디로 유비의 정체는 불명인 것이다. 이런 식으로 저자는 작품 주인공이나 사건에 대해서 의외의 시각을 드러내어 읽는 재미를 준다. 이렇게 새롭게 해석한 《삼국지》는 오늘날 다시 읽힌다.

새로운 해석은 미래에 대한 새로운 비전이다.

새로울 게 없다면 과거의 이야기는 우리에게 어떠한 의미도 없다. 《삼국지》에 나오는 수없이 많은 배신과 전쟁, 그리고 음모와 계략은 오늘날에도 유효한 것이며, 남의 일이 아니다. 오늘날에도 삶의 현장에서는 여전히 많은 사람이 적과 내통하고 있고, 동시에 수없이 많은 사람이 충의를 지키기 위해 어려움을 감수한다. 그러면서 역사는 흘러가는 것이다.

《삼국지》는 시대에 따라 늘 새롭게 해석되며 읽는 사람들의 가슴을 뜨겁게 해 주는 대표적인 고전이다. 위안텅페이는 이러한 《삼국지》를 자기 나름대로 해석하고 강의함으로써 전 세계 사람들에게 뜨거운 반향을 일으켰다. 과거 같았으면 한 지역에서 활동하고 말았을 사람이 미디어의 발전과 IT 기술의 보급으로 세계적인 유명 강사가 되었고 수많은 사람에게 감동을 주는 책을 발간하기에 이르렀다. 자기가 진정으로 좋아하는 것이 있고 전해야 할 이야기가 있다면, 그것을 전 세계에 알리는 것은 어렵지 않다. 전 세계 사람들을 자신의 수강생으로 만들어 버린 위안텅페이, 그로 인해 《삼국지》는 더욱더 큰 날개를

달고 날게 되었다.

우리나라에도 역사를 설명해 주는 S 강사가 있다. 그러니 그 사람은 당연히 역사를 전공했을 거라 사람들은 생각한다. 하지만 그는 연극영화를 전공했다. 역사를 좋아했던 그는 자신의 전공을 살려 남보다 실감 나게 역사를 설명해 주는 우리나라 최고의 강사가 되었다. 그의 분명한 발음과 정확한 제스처, 그리고 풍부한 표정 연기로 인해 청소년은 물론 성인들까지 역사에 관심을 갖게 하는 놀라운 효과를 보고 있다.

그래서 요즘은 미래학자들이나 교육학자들 모두 융합과 복합을 주요 키워드로 말하고 있는 것이다. 막연하게 꿈만 꾸어서는 안 된다. 자신이 가진 것을 엮고 합치고 섞어서 이 세상에 없는 것을 만들어 내기 위해선 남다른 노력이 필요하다. 젊은 위안텅페이가 자신만의 시각으로 《삼국지》를 해석했듯이, S 강사가 역사를 연기하듯 새롭게 보여 줬듯이 나만이 보여줄 수 있는 포트폴리오를 만들어 내야 한다. 나도 어려서부터 길러온 말하기 능력을 스토리텔링과 연결해 작가가 되었고, 강연도 다니게 되었다.

이제부터 나는 어떠한 재능과 비전을 가지고 꿈을 향해 나아갈 것인가 그걸 고민해야 한다. 꿈이 있다면 남들과 같은 길을 가려고 하지 마라. 남들 생각을 따라 하려 하지도 마라. 나

만이 할 수 있는 독창적인 것이라면 어떤 것이든 나의 꿈과 열
정으로 꽃 피울 수 있다. 물론 그 열정만큼은 남들을 따라 해도
된다.

칭기즈 칸의 꿈

몽골 여행을 가보니 온통 칭기즈 칸 천지였다. 맛있는 술도 칭기즈 칸이고 사방팔방 곳곳에서 파는 관광기념품도 모두 칭기즈 칸이었다. 호텔까지도 칭기즈 칸이라는 이름을 붙일 정도다. 여행을 마치고 돌아오면서 나는 몽골이 얼마나 과거의 영광을 자랑스러워하며 잊지 않으려고 애쓰는지 알 수 있었다.

그러나 칭기즈 칸을 진정으로 기리는 방법은 그의 꿈을 실현시키는 것이리라. 칭기즈 칸의 꿈은 세계 제국을 건설하는 것이었다. 애초부터 칭기즈 칸이 위대한 꿈을 꾸던 이는 아니었다. 일찍 아버지를 여의었을 뿐만 아니라 부족에서 내쳐지기까지 했고, 혼자 가족을 책임져야 하는 가장이기도 했다. 어디 그뿐인가? 아내를 빼앗긴 적도 있었다. 이런 숱한 고난과 역경을 뚫고 칭기즈 칸은 오늘날 세계 제일의 정복왕이 되었고, 대제국을 건설한 위대한 인물이 됐다. 그 이유는 그의 꿈이 원대했기 때문이다. 그리고 그 원대한 꿈은 끝없는 변화와 속도의 산물이었다.

칭기즈 칸은 자기의 꿈을 계속 확장시키면서 끊임없이 변화했다. 애초에 그는 한 유목민의 부족장으로 말을 타고 다니며 적들을 활과 칼로 무찌르는 그저 그런 인물이었다. 그러나 정복 전쟁을 벌여 나가면서 성벽을 만나면 그 성을 깨부수기 위해 공성기를 받아들였고, 자신이 차지한 넓은 땅을 통제하기 위해 직제를 개편하여 자신의 영토를 관리하였다. 또한 파발마 제도를 도입해 드넓은 영토에서 벌어지는 작은 사건 하나하나까지 최고의 속도로 전달받았다. 이는 오늘날로 치면 초고속 인터넷이나 마찬가지다. 그만큼 남다른 정보력을 가졌던 거다.

이런 끊임없는 변화와 변신을 통해 칭기즈 칸은 제국을 탄생시켰다. 꿈이라는 건 진화하는 것이고, 그 꿈을 향해 나아가기 위해선 자기 자신도 변해야 한다.

오늘도 나는 변화를 시도하고 있다. 지금까지 썼던 작품과는 다른 것을 쓰려 하고, 쓰고 있으며, 끊임없이 새로운 것을 시도한다. 새로운 문명과 시대의 변화를 따라잡으려 애쓰는 것이다.

"장애가 있다고 꿈까지 작을쏘냐."

내가 학교에서 강연할 때 애용하는 주제이다. 꿈을 크게 갖는 것에는 장애는 아무 상관이 없다. 누구나 꿈은 크게 가져야 한다.

나는 가끔 강연 시간에 아이들에게 "너는 꿈이 무어냐?"라고 묻곤 한다. 그러면서 전제조건을 단다. 돈 많은 백수나 건물주, 우주 정복 이런 거는 말하지 말라고. 학생들 중에는 그런 엉뚱한 답변을 해서 친구들이 웃는 것을 보고 싶어 하는 아이들이 있다. 외부에서 온 강사에게 그렇게 장난으로 대답하는 것이 얼마나 부끄러운 일인지 아직 모르는 아이들이다 보니 그런 대답이 나올 때면 오히려 옆에 있는 선생님들 얼굴이 붉어진다. 뭐 과학에 대한 지식과 관심이 많아서 우주 정복이라고 말하는 것은 이해할 수 있다고 쳐도, 돈 많은 백수나 건물주는 참 쓸쓸한 꿈이다.

나의 어릴 적 꿈은 의사나 엔지니어가 되는 것이었다. 물론 장애로 인해 둘 다 이루지 못했다. 그 대신 작가가 되었다. 나는 강연에서 아이들에게 "노벨문학상을 타는 게 나의 꿈"이라고 말하곤 한다. 하지만 사실 이건 좀 우스운 말이기도 하다. 어느 작가가 상을 받으려고 작품을 쓴단 말인가?

수많은 독자들이 내 책을 읽어 주고 나를 기억해 주며 내 작품에 대해 두고두고 이야기해 주는 것이 문학상보다 내겐 더 의미가 있다. 독자들의 사랑이 더 큰 상이다. 그런 의미에서 《가방 들어주는 아이》,《아주 특별한 우리 형》,《까칠한 재석이》는 그 어떤 문학상보다 내겐 훨씬 더 고귀한 상이다. 내 책을 읽었던 독자들이 자라서 그 자녀에게 읽히고, 교과서에 실리고, 도서관에 쭈그리고 앉아서 손때 묻혀가며 읽어 주니, 정말 눈물 나게 고마운 일이다.

그러면서도 노벨문학상을 받겠다고 말하는 이유는 학생들에게 꿈을 구체적으로 가지라고 예시를 들어 주기 위해서다. 구체적인 목표가 있어야 꿈에 동기부여를 더 강하게 해 주기 때문이다.

'노벨문학상이라니! 와, 멋있다.'
'나도 작가님처럼 해 봐야지.'
'나도 글을 쓰면 상을 받을 수 있을까?'
'어떤 일을 해야 멋있는 사람이 될 수 있을까?'

이런 자극을 주기 위해서 노벨상 이야기를 하는 것이다. 사실 나는 노벨문학상을 받고 싶은 마음보다는 내 작품을 오래도록 기억하고 읽어 줄 독자가 계속해서 있었으면 하는 바람이 더 크다. 그리고 세상을 밝힐 좋은 작품을 계속 써나갈 재능과 변화가 내 삶에 계속해서 남아 있도록 끊임없는 열정이 내 가슴속에서 피어나길 바란다.

꿈은 잡은 듯하면 날아가기 때문에 날아가면 또다시 쫓아가 잡아야 한다. 이 땅의 청소년들이 칭기즈 칸처럼 원대한 꿈을 꾸며 행복했으면 좋겠다. 또한 그들의 꿈이 개인의 행복뿐만 아니라 다른 사람에게도 기쁨이 되었으면 좋겠다.

도서관은
꿈의 공작소

'내 고향 남쪽 바다'로 시작하는 〈가고파〉라는 가곡이 있다. 남쪽 바다에 대한 아련한 그리움은 굳이 고향이 바닷가가 아닌 사람에게도 적용되는 모양이다. 그만치 남쪽 바닷가로의 여행은 가슴 설레게 하는 무언가가 있다.

나에게도 그런 경험이 있다. 사천 도서관에서 진행한 작가와의 만남 행사가 그러했다. 장편소설《원균 그리고 원균》을 쓸 당시 취재를 하기 위해 전투 배경이 된 남해안의 여러 도시 가운데 사천에 가서 한없이 바다를 바라보던 때의 기억이 새록새록 떠올랐다.

도서관협회에서 벽지 도서관에 가서 작가가 강연을 하고 독자를 만나는 것이 지역 문화발전에 도움이 된다고 해서 응한 곳이 다름 아닌 사천이었다. 육로로는 멀지만 사천 비행장이 가까워 시간상으로는 그리 멀지 않았다. 시간을 계산해 보니 꽤 여유가 있었지만 일찌감치 김포공항으로 가 비행기를 타고 사천에 도착했다. 그 뒤 적당한 시간에 출발하는 비행기가 없었기 때문에 미리 갔던 것이다.

다행히 마중 나온 관장님과 직원분들이 그런 나의 마음을 짐작하셨는지 바닷가 구경을 시켜주셨다. 다리 전시장이라 해도 과언이 아닌 사천대교와 맑은 바다를 보면서 바람을 맞으며 서 있으니 문득 이곳에 집 하나 지어 살고 싶다는 생각이 들었다.

여기저기 구경을 마친 뒤 사천 시내에서 싱싱한 해산물 요리까지 대접받고 도서관으로 갔다. 신청자를 받아 인원 제한을 했다는데도 마땅한 문화 시설이 없는 소도시인지라 많은 학생들과 학부모들이 몰려들어 그들을 막을 수 없는 듯했다.

도서관은 오래된 건물이어서인지 휠체어를 탄 내가 다니기에는 불편했지만 강의실에서 만난 아이들의 초롱초롱한 눈망울과 독서에 대한 애정은 그런 나의 불편을 녹이고도 남음이 있었다. 대부분의 아이들이 적게는 서너 권, 많게는 내 책 수십 권을 읽었다고 했다. 자기가 재미있게 읽은 책을 쓴 작가를 직접 만난다는 설렘이 묻어났다.

통로에까지 아이들이 신문지를 깔고 앉은 것을 보고는 작가가 되길 잘했다는 생각까지 들었다. 사천까지 나의 명성이 자자한 듯해서 흐뭇했다. 강연 분위기도 진지했고, 열심히 듣는 태도가 역력했다. 나는 강연 내내 장애인과 더불어 사는 세상이 어때야 하는지 힘주어 말했다. 내가 살아온 경험과 편견과 차별을 책에 어떻게 형상화했는지도 설명해 주었다. 그리고 꿈을 이루기 위해 어떤 노력을 했는지도 알려주었다.

꿈을 이루기 위해서는 끊임없이 노력해야 한다.

지방에서도 이러한 강연 프로그램이 자주 있어서 지방 소도시에 사는 아이들이 소외된다는 느낌이 들지 않았으면 좋겠다고 생각했다. 게다가 나는 이번 강연을 통해 몰랐던 사실도 많이 알게 되었다. 관장님과 직원들 이야기를 듣고 우리나라 도서관이 처한 힘든 상황을 깨닫게 된 것이다.

지자체마다 도서관 짓는 것을 많이 활성화했다는 사실은 일단 고무적이었다. 과거처럼 도서관 찾기가 하늘의 별 따기보다 어려운 시절은 분명 아니다. 강연하러 가서 보면 공공 도서관 이용객들이 꾸준히 늘고 있으며, 앞으로도 더 많은 도서관이 수년 내에 전국 곳곳에 건립될 예정이라고 한다. 머지않아 누구나 걸어서 가까운 도서관을 찾을 수 있을 정도는 될 것이다. 그러나 아직도 우리들이 가진 몇 가지 오해들이 공공 도서관이 발전할 기회를 가로막고 있다.

첫째가 사서들에 대한 오해이다. 도서관에 구비해 놓는 책 구입을 계획하고 관리하는 책임은 전적으로 사서에게 있다. 한마디로 그들은 책 전문가들이기 때문에 그들이 얼마나 수준 높은 눈으로 양서를 골라 도서관에 비치하느냐에 따라 그 도서관의 수준이 결정된다고 해도 과언이 아니다.

하지만 일부 도서관의 경우 두어 명의 사서가 혹사당하면서 일하고 있다. 아직 자원봉사 개념이 널리 보급되어 있지 않기 때문이다. 그러니 사서들이 책 한 권 읽을 시간이 없다. 책을 좀 읽으려 해도 이용자들에게 사서들이 편하게 앉아서 책이나 읽고 빈둥거린다는 오해를 사기 십상이다. 사실 사서야말로 열심히 책을 읽어야 할 사람들이다. 그래야 책을 고르는 안목이 생기고 미리 좋은 책을 읽고 골라 놔야 하는데 그렇지 못하는 것이다.

과거 세종대왕은 사가독서(賜暇讀書)제도를 시행했다. 젊고 유능한 관리들에게 일정 기간 집에서 책만 읽고 공부할 기회를 주기 위해서였다. 또한 그 기간에도 국록을 줌으로써 젊은 관리가 더욱 높은 실력을 갖출 수 있게 했다. 격무에 시달리는 사서들에게도 여유롭게 책 읽을 시간을 줘야 한다.

두 번째는 예산에 대한 오해다. 흔히 도서관에 읽을 만한 책이 없다고 불만을 터뜨린 적이 한두 번씩은 있을 것이다. 그러나 요즘 아동 도서 전문 도서관에서는 역 현상이 벌어지고 있다. 모 어린이 도서관의 경우, 도서 구입 예산이 1년에 2억 5천만 원 정도라고 한다. 그런데 그 예산을 다 쓰기가 어렵다는 것이다.

도서관에서 믿고 신뢰할 만한 신간 추천 도서 목록을 다 합쳐 봐야 1년에 1,000권이 못 된다. 책 한 권당 가격을 15,000원으로 잡고 도서관이니까 여러 사람이 대출해 가는 것을 감안해 10권씩 구입한다 해도 1억 5,000만 원에 불과하다. 그러니 사서들이 살 책이 없다고 말할 수밖에. 나를 포함해 이 땅의 작가들과 출판 관계자들이 더 열심히 양서를 만들어야 할 사명이 여기에 있었다.

세 번째는 도서관 기능에 대한 오해다. 요즘같이 어려운 경제 여건에서 동네 도서관이 주는 효용은 이루 다 말할 수 없이 크다. 책 한 권 선뜻 사주기 어려운 주머니 사정에 도서관에서 마음껏 책을 읽고 빌릴 수 있다는 건 꽤 큰 혜택이기 때문이다. 그런데 공공도서관이 겪는 가장 큰 민원이 바로 독서실 혹은 열람실을 운영해 달라는 것이란다. 다시 말해 자신의 책을 가지고 와 읽고 공부하게 해달라는 것인데, 그것은 도서관의 기능을 잘못 이해한 처사다. 도서관은 책을 포함한 다양한 정보를 접하고 취하는 곳이지, 개인 공부방이 아니기 때문이다.

공공의 이익을 위한 장소에서 개인의 학습 욕구만을 고집해서는 안 된다. 그런데도 가끔 도서관에 시찰 나오신 높은 분들이 도서관과 독서실을 구분하지 못하고 왜 열람실에서 공부하는 고시생들이 보이지 않느냐고 묻는단다. 그런 말을 들을 때마다 사서들은 힘이 쭉 빠진다고 한다. 그것이야말로 사서들을 독서실 총무 정도로나 보는 것이고, 그런 잘못된 시각 때문에 우리나라 도서관 발전이 늦어지는 것이리라.

가을은 독서의 계절이라는 말은 사실 가을에 책을 너무 안 읽기 때문에 생겨난 말이라고 한다. 영혼을 살찌우고 새로운 정보를 얻는 독서에 특별한 시기가 어찌 있을 수 있단 말인가. 꿈을 향해 노력하는 데 휴식은 없다.

가까운 도서관을 방문해 차분히 책 한 권 읽을 기회를 마련해 보자. 영혼이 살찌는 소리가 들릴 것이다.

있어야 할 것과
있는 것 사이의
괴리

"어떻게 끝나는 게 해피엔드일까?"

대학에서 '소설 창작론' 시간에 내가 학생들에게 던진 질문 가운데 하나다. 학생들이 열심히 조를 짜서 릴레이 소설을 쓰고 있는데, 결말을 어떻게 낼지에 대해 열띤 토론이 벌이고 있었다.

과연 어떻게 소설이 끝나야 해피엔드일까? 옛이야기처럼 평생 배필을 만나 잘 먹고 잘살면 해피엔드가 분명하다. 그건 동서고금을 막론하고 모두가 그렇다. 그러면 과연 잘 먹고 잘살아야만 행복한 건가? 이 질문에 학생들은 대답하지 못했다.

간신히 한 학생이 대답했다.

"갈등이 풀리면 행복한 결말 아닐까요?"

맞다. 그 학생은 제법 문제의 핵심을 꿰뚫고 있었다. 세상과의 갈등, 사람과 사람과의 갈등, 이런 모든 갈등이 없어지고 해소되면 행복해진다.

그렇지만 이렇다 할 갈등 없이도 불행한 사람들은 왜 그럴까? 선진국이 자살률이 높은 건 어떻게 설명해야 하나? 생각에 생각이 꼬리를 무는 걸 보니 인간이 행복해지기란 참 어려운 일인가 보다.

흔히 문학에서는 갈등의 발생 원인을 '있어야 할 것'과 '있는 것' 사이의 괴리라고 말한다. 다시 말하면 내가 생각하는 이상과 현실이 다르기 때문에 행복하지 않다는 것이다.

예를 들어, 나에게 '있어야 할' 나의 모습은 잘생기고, 공부도 잘하고, 운동도 잘해서 이성 친구들에게 흠모의 대상이 되는 '멋진 나'이다. 하지만 의사나 정치인, 혹은 유튜버 같은 멋진 꿈조차 내겐 없다. 실상의 나를 보면 평범한 외모에, 공부는 보통이고, 운동도 잘 못 하고, 친구 하나 변변히 사귀지 못한다. 꿈이 없는 건 말할 것도 없다. 그러니 자기 자신에게 만족할 수 없고 짜증이 샘솟는다. 나는 왜 이럴까 싶다. 행복하다는 생각이 들 리 없다.

행복은 '있어야 할 것'과 '있는 것' 사이의 괴리가 없어져야 얻어진다.

이상과 현실이 일치하면 행복해질 수 있다. 마음에 안 드는 나를 행복하게 만들려면 방법은 두 가지다. 첫째는 있는 것을 있어야 할 것에 끌어다 맞추는 것이다. 얼굴은 어쩔 수 없다 해도 노력해서 성적을 올리고, 매일 체력을 기르기 위해 운동도 하며, 친구들에게 먼저 다가가며 배려하는 내가 되면 된다.

꿈도 내가 흥미 있는 걸로 소박하지만 찾아서 노력하면 된다. 셰익스피어의 《말괄량이 길들이기》가 왜 해피엔드인가 하면 말괄량이를 내가 원하는 요조숙녀로 만들었기 때문이다. 절대 불가능한 건 없다. 각고의 노력을 하면 모두 가능한 일이다.

이 방법이 어렵다고 해서 바로 실망할 필요는 없다. 또 하나 다른 방법이 남아 있으니 말이다. 그것은 바로 '있어야 할 것'을 '있는 것'에 맞추는 거다. 다른 말로 눈높이를 낮추는 거다. 내가 바라는 나의 모습을 외모는 평범해도 학교 공부는 뒤처지지 않을 정도로 하고, 운동도 중간 정도는 하고, 친구 한두 명과 친한 거로 만족한다면 지금의 나도 제법 쓸 만하게 보인다. 굳이 남에게 존경받는 거대한 꿈이 아니라 소박하게 즐기며 오래도록 할 수 있는 꿈을 가지면 된다. 그러면 굳이 특별할 것 없는 나라 해도 실망할 필요가 없다.

어느 것이든 쉽지는 않다. 행복이 그렇게 쉽게 얻어지는 것이라면 누구나 행복할 테니까. 그러나 어렵다고 해서 행복해지고자 하는 노력을 포기해서는 안 된다.《매디슨 카운티의 다리》를 보면 엄마가 아이들에게 이런 유언을 남긴다.

"내 아들딸들아, 너희들은 어떻게 해서든 행복해라. 인간은 행복해야 할 의무가 있단다."

그렇다. 우리에겐 행복해야 할 의무가 있다. 그렇다면 당장이라도 원하는 것을 얻기 위해 노력하고 분발하든지, 눈높이를 낮춰 현실을 만족스러운 눈으로 바라보든지 해야 한다.

누군가 어떻게 사는 게 행복한 삶이고 어떻게 끝나는 게 해피엔드냐고 물으면 이렇게 대답해 줘라.

"노력하든, 눈높이를 낮추든 둘 중 하나는 해서 갈등을 완전히 없애는 것이요."

꿈과 용기는 형제지간이다

"나의 최고 베스트셀러인 《가방 들어 주는 아이》를 게임으로 만듭시다."

나는 젬블로의 오준원 대표를 만나자마자 이렇게 들이댔다. 오 대표가 당황스러워하며 말했다.

"선배님, 저희가 베스트셀러로 게임을 만들어 본 적이 없어서요."

대학교 후배이기도 한 오 대표는 난감한 듯 나의 제안에 몸을 사리며 대답했다. 그러나 나는 개의치 않고 다시 용기를 내 말했다.

"초등학교 교과서에 실린 책입니다. 분명히 게임으로 만들면 아이들이 재미있어할 겁니다."

《가방 들어주는 아이》는 내가 쓴 작품 가운데 가장 유명한 소설이다. 초등학교 4학년 1학기 교과서에 실려 있고, 연극으로 만들어졌으며, 만화로도 제작되었다. 과거 MBC 교양 프로그램 〈느낌표〉에 선정된 이래로 나의 대표작이 된 책으로 수익금을 기부하기도 했다. 한마디로 '고정욱'을 이야기할 때면《가방 들어주는 아이》가 가장 먼저 떠오르는 것이다.

나는 이 책을 보드게임으로 만들고 싶었다. 어린이들이 교실과 도서관에서 이 게임을 하며 즐거운 시간을 보내다 보면 장애인에 대한 인식이 개선될 것이라 믿었다. 또한 나보다 약한 친구를 돕다 보면 어렵고 힘든 사람을 먼저 생각하고 배려하는 심성을 기를 수 있을 터였다.

그동안 나는 내가 발표한 작품들을 만화로 만들고, 뮤지컬이나 연극 등 공연예술로도 제작해 왔다. 그러던 어느 날 나의 눈에 게임이 들어왔다. 보드게임을 통해서 어린이들과 청소년들이 대화를 나누고 새로운 책과 작품을 볼 수 있다면 금상첨화라는 생각이 번뜩 들었던 것이다. 그런 생각에 우리나라 최고의 게임 회사 젬블로에 연락해 대표를 만난 것이다.

"선배님, 게임 하나 만들려면 몇천만 원이 듭니다. 투자에 신중할 수밖에 없습니다."

그의 말은 충분히 이해했다. 현실적으로 난관이 예상되었지만 반드시 길이 있을 거라 생각했다.

"그래도 다시 한번 생각해 봐 주세요."

그런데 얼마 지나지 않아 오 대표에게 연락이 왔다.

"선배님, 좋은 소식이 있습니다. 게임 제작 지원 사업에 응모했더니 지원금이 나왔어요."

정말이지 놀라웠다. 꿈인지 생시인지 알 수가 없었다. 내가 한 일이라고는 나의 꿈과 목표를 이루기 위해 용기 있게 사람들을 만나고 그들에게 제안한 것뿐인데, 이런 식으로 꿈이 이루어져 가는 모습을 볼 때면 가슴 깊은 곳에서 뭔가가 뜨겁게 올라오는 기분이 든다.

현재 《가방 들어주는 아이》는 보드게임으로 나와 있다. 어디 그뿐인가. 〈까칠한 재석이〉 시리즈에 바탕을 둔 〈독서왕 보드게임〉, 교육기업 캠퍼스멘토에서 만든 장애인식 개선 보드게임 〈굿투고〉까지 만들어져 어린이와 청소년들에게 재미와 의미를 동시에 주고 있다.

꿈과 목표를 이루기 위해 노력하다 보면 좋은 결실을 볼 수 있다.

물론 꿈이 이루어져 가는 과정이 순탄치만은 않다. 나는 계속해서 새로운 것에 도전하면서 학생들을 만나고 강연을 하고 책을 내면서 늙어 갈 줄 알았다. 하지만 2020년 전 세계를 강타한 코로나19가 모든 것을 바꾸어 놓았다. 전 세계가 멈춰 섰다. 수많은 감염자가 발생했고, 사망자가 속출했다. 학교는 개학하지 않았고 당연히 강연은 줄어들었다. 나의 꿈이 타격을 받는 순간이었다. 학생들을 만나지 못하니 그들에게 나의 꿈을 전달해 줄 수 없고, 용기를 북돋아 줄 길도 막막했다.

그러나 내가 누구인가. 이 정도 난관에 굴할 내가 아니다. 나는 직접 대면하지 않는 화상 강연에 주목했다. 학교가 온라인 개학을 할 때 화상회의 프로그램을 컴퓨터와 스마트 폰에 깔고 원격으로 얼굴을 보며 이야기 나누는 것을 연습하면 강연도 가능하리라 여겼다. 미리 잡혔던 많은 강연들이 취소되었는데 어느 날 부산의 모 초등학교 교장 선생님으로부터 연락이 왔다

"고 작가님, 장애인의 날을 맞아 혹시 화상으로 장애인식 개선 강연이 가능하십니까?"

많은 강사들은 못 한다고 하겠지만 나는 재미있겠다는 생각이 들었다. 물론 연습도 해 두었다.

"좋습니다. 한번 해 보죠."

그렇게 용기 있는 두 사람이 의기투합하여 4월 20일 장애인의 날에 맞춰 장애인식개선 교육을 전교생 270여 명에게 온라인으로 실시했다. 서울에 있는 내가 부산에 있는 학생들에게 자료를 보여 주며 강연을 한 것이다. 직접 만나 이야기를 나누

는 것이 아니기에 재미있는 퀴즈도 내가면서 학생들이 집중할 수 있도록 세심하게 준비했다. 비록 40분짜리 짧은 강연이었지만 대성공이었다. 학교 선생님과 학생들도 대단히 만족했다. 역시 꿈을 이루는 데는 용기가 필요하다.

그 뒤로도 화상 강연은 계속 이어지고 있다. 코로나19라는 고난이 우리가 사는 세상을 바꾸었다. 이런 상황일수록 하던 것에만 익숙해하며 새로운 것과 맞닥뜨리는 것을 두려워하거나 어려워하면 발전할 수 없다. 사실 꿈이라는 것은 내가 해 보지 않은 것이기에 이루기가 쉽지 않다. 주어진 상황을 변화시키고 발전시켜 나아가려는 용기가 없다면 꿈은 결코 이루어질 수 없다. 앞으로 또 어떤 새로운 위기 상황이 오더라도 나는 나의 꿈, 나의 목표를 향해 끊임없이 달려갈 것이다. 용기라는 무기를 장착해서.